I N V E S T I G A Ç Ã O

I

IMPRENSA DA UNIVERSIDADE DE COIMBRA
COIMBRA UNIVERSITY PRESS

U

EDIÇÃO

Imprensa da Universidade de Coimbra
Email: imprensa@uc.pt
URL: http//www.uc.pt/imprensa_uc
Vendas online: http://livrariadaimprensa.uc.pt

COORDENAÇÃO EDITORIAL

Imprensa da Universidade de Coimbra

CONCEÇÃO GRÁFICA

António Barros

IMAGEM DA CAPA

By Princeofpersia1 (Own work) [CC-BY-SA-3.0
(http://creativecommons.org/licenses/by-sa/3.0)], via Wikimedia Commons

INFOGRAFIA

Mickael Silva

PRINT BY

CreateSpace

ISBN

978-989-26-0838-9

ISBN DIGITAL

978-989-26-0839-6

DOI

http://dx.doi.org/10.14195/978-989-26-0839-6

DEPÓSITO LEGAL

380246/14

AVALIAÇÃO FAMILIAR

FUNCIONAMENTO E
INTERVENÇÃO
VOL. I

ANA PAULA RELVAS
SOFIA MAJOR
(COORDENAÇÃO)

IMPRENSA DA
UNIVERSIDADE
DE COIMBRA
COIMBRA
UNIVERSITY
PRESS

AGRADECIMENTOS

Esta é uma obra coletiva que congrega diversos docentes e investigadores que, de uma forma ou de outra, estão ou estiveram ligados à Faculdade de Psicologia e de Ciências da Educação da Universidade de Coimbra. Contudo, há outros co-autores, a quem queremos agradecer: a todos os estudantes finalistas do Mestrado Integrado em Psicologia, área de Sistémica, Saúde e Família que elegeram este(s) tema(s) como objeto de investigação das suas teses; aos colegas terapeutas familiares com quem partilhamos experiências e aprendizagens; a todas as famílias com que ao longo dos anos nos fomos cruzando em contexto terapêutico ou de investigação. Muitos outros nos ajudaram (por exemplo, colegas de metodologia e análise de dados, anónimos que criticaram os nossos trabalhos em congressos, revisores científicos de outras publicações) e merecem aqui ser referidos, mesmo que em bloco.

Neste agradecimento resta uma palavra especial para a Imprensa da Universidade de Coimbra pela confiança depositada no nosso trabalho e pela satisfação e orgulho que esse facto nos transmite.

SUMÁRIO

INTRODUÇÃO

Ana Paula Relvas

Estudar a família, nomeadamente do ponto de vista da Psicologia e numa perspetiva ecossistémica, implica um confronto com a complexidade (Bateson, 1987; Morin, 1992). Há, assim, que aceitar o desafio epistemológico e metodológico de que tal complexidade não poderá ser abarcada... mas ela não poderá, também, ser rejeitada ou escamoteada. Este sempre foi um dos grandes desafios para os investigadores na temática.

Comecemos pelo início: como entender a família neste contexto? Resposta: como um sistema! Esta aparente simplificação conceptual arrasta-nos para a complexidade de que falava. Com efeito, pensar as famílias como sistema implica: a) considerar a interdependência do comportamento de cada um dos seus elementos; b) compreender a parte e o todo; c) saber que a análise de uma família não é a soma da análise dos seus membros individuais; e, finalmente, d) perceber que o todo familiar é também ele parte de outros sistemas mais alargados (e.g., sistema sociocultural, sistema económico, entre outros). E, ainda, não esquecer a perspetiva desenvolvimental, co-evolutiva, associada à noção de sistema: ao longo do seu tempo de vida a família desenvolve-se, cresce ou se preferirmos complexifica-se, através de processos dinâmicos, recursivos e adaptativos, internos e externos.

Assim, estudar as famílias nesta concepção requer, primeiro, uma postura que Bateson (1987) designou de humildade sistémica e, depois, uma atitude de contextualização e reconhecimento da causalidade recursiva

(Boing, Crepaldi, & Moré, 2008). Do meu ponto de vista, estes objetivos só poderão ser favorecidos através da combinação de diferentes estratégias metodológicas (qualitativas, quantitativas e mistas) e de avaliação, como a utilização de questionários de auto-resposta, metodologias observacionais, análise narrativa, genograma, ecomapa, mapa de rede, entre vários outros.

Por outro lado, a família, enquanto objeto de estudo, compreensão e obviamente de investigação, para além de múltiplas abordagens em termos metodológicos, não pode prescindir de um olhar multi e/ou inter-disciplinar, de integração ou articulação de diferentes visões disciplinares (psicológica, sociológica, económica, jurídica, política, entre outras).

Neste jogo, em que a complexidade se pode equacionar fundamental-mente a dois níveis, um mais intrínseco à conceptualização e definição do próprio objeto de estudo e outro mais relacionado com a necessidade da sua análise multidisciplinar, como entender o respeito pelos quatro princípios de compreensão sistémica da família atrás enunciados e a validade e abrangência de uma obra, como a que agora se apresenta, centrada na adaptação de instrumentos de avaliação em si mesmos, muitas vezes, lineares e parcelares?

Da história de um percurso....

Talvez a história do caminho percorrido na construção desta obra (chamo-lhe assim, pois o presente livro é o primeiro de dois volumes que nesta introdução quero apresentar no seu todo) ajude a elencar algumas das respostas possíveis para a questão anterior.

1ª etapa

Na minha narrativa, a história inicia-se em 2006, com a implementação do processo de Bolonha na Universidade e Faculdade de que fazemos parte (Universidade de Coimbra, Faculdade de Psicologia e de Ciências da Educação) na sua face mais visível – alteração dos planos de estudos e criação do Mestrado Integrado em Psicologia –, momento em que o grupo de docentes e investigadores da área de Psicologia Clínica e da Saúde, especialização em Sistémica, Saúde e Família, sentiu necessidade de desenvolver um projeto de investigação que, por um lado, lhe fosse específico e, por outro, pudesse organizar a investigação a desenvolver pelos respetivos mestrandos. Atendendo à curta duração do tempo de investigação, um ano letivo, esse projeto deveria permitir continuidade e progressividade ao longo dos anos. Finalmente, mas não menos importante, teria que proporcionar o desenvolvimento científico e rigoroso do conhecimento na temática. Considerando que na área da avaliação psicológica em Portugal a família era um objeto deficitário, emergiu o objetivo de adaptar um conjunto de questionários de auto-resposta, designadamente relacionados com o *stress*, *coping* e qualidade de vida familiares, enquanto constructos transversais ao estudo e investigação sobre a família em diversos contextos e situações de maior ou menor bem-estar relacional e psicossocial. Para operacionalizar este objetivo, recorremos ao trabalho de alguns estudiosos da família norte-americanos que desenvolveram modelos de funcionamento familiar (Modelo Circumplexo; Olson, 2000) e do *stress* familiar (Modelo ABCX; McCubbin & Patterson, 1983) amplamente aceites na comunidade científica internacional dedicada ao estudo da família. Os autores originais completaram os seus modelos, no sentido de fomentar a sua validação, com o desenvolvimento de instrumentos de avaliação, também eles largamente utilizados em estudos empíricos sobre a família (Barnes & Olson, 1985). Tinham ainda a vantagem de já terem sido traduzidos e utilizados cm Portugal, mas sem os devidos estudos de adaptação, enquanto tal. E assim, a nossa equipa de investigação deu início a esses estudos.

2ª etapa

Entretanto, com a chegada de novos colaboradores (doutorandos e docentes) a equipa de investigação foi-se alargando e outros projetos de investigação surgiram. Não abandonando a lógica da continuidade e acrescentando a da articulação, esses novos projetos foram desenhados e implementados de modo a enquadrar os instrumentos/variáveis já desenvolvidos para a população portuguesa, mas atendendo de forma particular aos temas concretos e às populações em estudo (por exemplo, determinadas condições de doença ou diferentes formas de família) (Lagarelhos, 2012). Deste modo, outros instrumentos de avaliação familiar foram sendo desenvolvidos e adaptados a fim de estudar, por exemplo, o funcionamento e comunicação familiares (Portugal & Alberto, in press), o processo e aliança terapêutica com clientes (famílias) involuntários (Sotero & Relvas, 2012), a resposta familiar à doença pediátrica e do adulto, a percepção do indivíduo na relação com outro(s) significativo(s). A integração da equipa na rede de investigação da Associação Europeia de Terapia Familiar (*European Family Therapy Association, EFTA Research Group*) (European Family Therapy Association, 2009) e o protocolo estabelecido com uma universidade angolana (Instituto Superior Politécnico Tundavala do Lubango), que implicava a existência de material em português para conduzir investigação sobre a família em contexto angolano, fizeram acelerar este processo.

Complementarmente íamos recebendo, em quantidade assinalável, pedidos de orientação e autorização para utilização de escalas de avaliação familiar provenientes de investigadores que, tendo como objeto de estudo a família, a perspetivavam de pontos de vista diversos em termos disciplinares, nomeadamente nas áreas de enfermagem, educação, gerontologia, para além de, como seria de esperar, da Psicologia em especialidades diferentes da Psicologia da família, como, por exemplo, Psicologia do desenvolvimento ou psicopatologia.

3ª etapa

Faz agora sensivelmente um ano que, numa manhã outonal, aquando de uma reunião da equipa, nos propusemos repensar as nossas atividades e de algum modo fazer o seu balanço e projetar o futuro. Decidimos, então, atribuir ao nosso grupo de trabalho uma (sub)designação que, no seio do Grupo de Investigação em Família, Saúde e Justiça da Faculdade de Psicologia e de Ciências da Educação da Universidade de Coimbra, delimitasse estas atividades de investigação em concreto. Assim nasceu o GAIF[1] (Grupo de Avaliação e Investigação sobre a Família), estrutura informal, quase virtual, embora talvez demasiado ambiciosa e que nos unia em torno de um objetivo, quando que se propunha, como primeira meta, organizar-se para divulgar à comunidade científica nacional em geral todo o conjunto de materiais de avaliação que rigorosamente vínhamos desenvolvendo há anos. Ou seja, emergiu a ideia da publicação de uma obra sobre *Instrumentos de Avaliação Familiar*, que pudesse ser complementada com uma página *web* de disponibilização de materiais.

... À construção desta obra

Aqui cabe um reconhecimento à equipa liderada pelo Doutor Mário Simões pelo excelente trabalho feito no contexto nacional relativo à difusão de provas psicológicas validadas para a população portuguesa, cujas obras nos serviram de inspiração e, porque não dizê-lo, de modelo de conceptualização e rigor (Simões, Machado, Gonçalves, & Almeida, 2007).

Conceptualização

Havia então que rever, reorganizar e estruturar todo o nosso trabalho prévio de acordo com uma lógica organizacional consistente com a perspetiva sistémica, bem como com uma estratégia e regras de difusão ajustadas ao objetivo definido. Isto é, havia que definir a estrutura da obra. Conceptualmente, parecia fazer sentido dividi-la em duas partes distintas: uma primeira que se reportasse aos processos relacionais e dinâmicas psicológicas transversais às famílias, quer no seu quotidiano

---

[1] Do GAIF, neste momento, fazem parte Ana Paula Relvas, Luciana Sotero, Madalena Carvalho e Sofia Major (docentes); Alda Portugal (pós-doutoranda); Ana Margarida Vilaça, Diana Cunha, Neide Areia (doutorandas), todas pertencentes à FPCE-UC.

quer quando se encontram em terapia; uma segunda, dirigida aos processos específicos que se desenrolam quando as famílias se encontram em situação de vulnerabilidade acrescida, tanto em termos da avaliação das suas dificuldades como dos seus movimentos adaptativos. A partir de uma reflexão sobre a origem e o conteúdo dos pedidos de utilização de instrumentos que nos chegaram, pareceu-nos poder concluir que, com alguma probabilidade, existiriam utilizadores diferenciados para cada uma das partes em que previamente classificáramos os instrumentos a publicar. Foi neste pressuposto que entendemos dividir a obra em dois volumes: *Instrumentos de Avaliação Familiar, Vol. I – Funcionamento e Intervenção* e *Vol. II – Vulnerabilidade, Stress e Adaptação.*

O primeiro volume debruça-se sobre instrumentos que, numa ótica sistémica, avaliam o funcionamento e a comunicação familiar (o "cimento" do sistema familiar), a auto-percepção do indivíduo sobre o seu posicionamento no sistema (o "grão de areia" do sistema familiar) e, finalmente, instrumentos que pretendem medir o que faz "funcionar" famílias e terapeutas em terapia (como se ligam os dois sistemas e com que efeitos de mudança); o segundo volume contém instrumentos que permitem avaliar o *stress* bem como a resiliência e processos adaptativos familiares, quer em situações de crise normativas quer inesperadas. Algumas medidas das respostas particulares do sistema familiar em situações específicas de doença, tanto pediátrica como do adulto, finalizam os conteúdos deste volume.

Estrutura

Quanto ao tipo de obra que iríamos construir e atendendo ao objetivo de difusão para um público diferenciado disciplinarmente, os dois volumes serão organizados por secções e capítulos. Todos os capítulos seguem uma estrutura comum, definida de modo a dar resposta, na ótica do utilizador, a três aspetos básicos: enquadramento teórico e conceptual, relevância e aplicabilidade do instrumento e facilidade de consulta do texto. Os dois primeiros aspetos pretendem assegurar a reflexão conceptual sobre a utilização do instrumento, no sentido em que este deverá, sempre, ser considerado um meio complementar para atingir um conhecimento (Simões et al., 2007), decorrente e enquadrado num processo de conceptualização mais abrangente, através do qual se definiram objetivos de pesquisa, teórica e empiricamente fundamentados.

Assim, cada capítulo aborda as seguintes rubricas:

1. Instrumento

O que é, o que avalia e a quem se aplica?

(Ficha técnica de apresentação do instrumento)

Fundamentação e história

(Enquadramento teórico sobre o constructo objeto de avaliação, articulado com o desenvolvimento original – construção e aplicação - do instrumento)

2. Estudos em Portugal

Como foi desenvolvido/adaptado e validado?

(Estudos de adaptação, validade e precisão realizados em Portugal)

3. Aplicação

Como aplicar, cotar e interpretar?

(Informação sobre os materiais; explicação e descrição das condições, normas e critérios a seguir no processo de avaliação)

4. Vantagens, limitações e estudos futuros

(Análise crítica do instrumento, estudos e resultados obtidos)

5. Bibliografia

(Conjunto de referências fundamentais)

Finalmente, queremos sublinhar que optámos por não descrever, capítulo a capítulo, os procedimentos éticos óbvia e necessariamente utilizados nas investigações conducentes à adaptação dos instrumentos (consonantes com as recomendações da *American Psychological Association*, nomeadamente no que se refere ao consentimento informado para todos os participantes, adultos e menores), a fim de evitar a redundância da informação ao longo do livro.

Volume I – Funcionamento e Intervenção [familiar]

Organização e conteúdos

Este volume está dividido em três secções que agregam sete capítulos. Os autores são os membros do GAIF e outros colaboradores que participaram nos estudos, tanto em termos de recolha como de análise de dados. Todos os instrumentos apresentados são adaptações portuguesas, com exceção de um que foi completamente desenvolvido no nosso país. Genericamente são provas vocacionadas para aplicação em investigação; as condições específicas em que alguns podem ser, também, utilizados em clínica ou na formação de terapeutas são explicitamente referidas nos textos, restringindo-se essa utilização, evidentemente, a profissionais capacitados para o efeito.

A primeira secção, *Funcionamento e Comunicação Familiar*, é composta por dois textos: o primeiro, da autoria de Margarida Vilaça, José Tomás da Silva e Ana Paula Relvas enquadra teoricamente e estuda o *Systemic Clinical Outcome Routine Evaluation* (SCORE-15) que avalia várias dimensões do funcionamento familiar sensíveis à mudança terapêutica, nomeadamente Recursos Familiares, Comunicação na Família e Dificuldades Familiares (capítulo 1); o segundo, de Alda Portugal e Isabel Alberto, centra-se na comunicação pais-filhos (pais, crianças e adolescentes avaliados separadamente), através da apresentação da Escala de Avaliação da Comunicação na Parentalidade (COMPA) construída e desenvolvida pelas autoras (capítulo 2).

A segunda secção, *Diferenciação e Congruência*, inclui mais dois textos: um sobre diferenciação do *self* e transgeracionalidade em adultos e avaliação das suas relações atuais com a família de origem por meio do Inventário de Diferenciação do *Self* - Revisto (DSI-R), da autoria de Sofia Major, Martiño Rodríguez-González, Cátia Miranda, Míriam Rousselot e Ana Paula Relvas (capítulo 3); o seguinte reflete sobre o conceito de congruência na relação consigo próprio, com o outro e com a vida em adultos, operacionalizado e medido em duas dimensões (Universal/Espiritual e Intra/Interpessoal) pela Escala de Congruência (EC), aqui apresentada por Diana Cunha, José Tomás da Silva e Ana Paula Relvas (capítulo 4).

Na terceira secção, sobre a *Intervenção Familiar*, Luciana Sotero e Ana Paula Relvas centram-se nas especificidades do estabelecimento e características da aliança terapêutica (por parte de clientes e terapeutas) em terapia familiar/terapias conjuntas e na sua medida observacional - Sistema de Observação da Aliança em Terapia Familiar – versão observacional (SOFTA-o) – considerando quatro dimensões da aliança, Envolvimento no Processo Terapêutico, Conexão Emocional com o Terapeuta, Segurança dentro do Sistema Terapêutico e Sentimento de Partilha de Objetivos na Família (capítulo 5); sobre a mesma temática, o texto de Margarida Vilaça, Luciana Sotero, José Tomás da Silva e Ana Paula Relvas aborda a avaliação da aliança (também em terapeutas e famílias) através de um questionário - Sistema de Observação da Aliança em Terapia Familiar – versão auto-resposta (SOFTA-s). Este questionário permite medir dois aspetos da aliança nos clientes (Dificuldades e Forças) e a aliança global no que respeita aos terapeutas (capítulo 6); a concluir esta secção e o livro, Luciana Sotero e Ana Paula Relvas explanam as potencialidades, para a investigação e para a prática clínica, de um instrumento de avaliação dos resultados da intervenção através da identificação de metas de mudança – Escala de Objetivos Atingidos (GAS) (capítulo 7).

... E a uma reflexão final

A concluir, voltemos à questão que formulámos inicialmente, agora refletindo especificamente sobre este volume: considerando dois níveis de complexidade, um inerente ao próprio conceito de família numa perspetiva sistémica e outro à multidisciplinaridade do seu estudo, como entender uma obra centrada em instrumentos de avaliação em si mesmos, lineares e parcelares?

A estrutura desenhada para este livro procura respeitar o primeiro nível, (1) ao seguir uma lógica conceptual associada aos movimentos relacionais da família, considerando o todo (foco grupal) e a parte (foco individual); e (2) ao apresentar uma seleção dos instrumentos que, quer sejam de auto-resposta ou observacionais, procuram sempre capturar, mesmo que com as limitações conhecidas e assinaladas nos textos, aspetos relacionais e interacionais do sistema familiar e terapêutico; finalmente, ao disponibilizar vários instrumentos de avaliação faculta-se o estudo de variáveis familiares lineares, cujos dados poderão depois ser articulados e cruzados, permitindo assim avançar um pouco mais na apreensão da realidade múltipla que é a família, recorrendo, nomeadamente, a poderosos procedimentos estatísticos de tratamento de dados que hoje estão ao nosso dispor (e.g., equações estruturais/análise multinível e *Actor-Partner Interdependence Model*).

Quanto ao segundo, consideração da abordagem multidisciplinar da família, a estrutura (constante) por capítulo foi ponderada no sentido de permitir uma visão completa e fundamentada do instrumento, de modo a que possa ser utilizado, rigorosa e fundadamente, por investigadores da família provenientes de diversas áreas disciplinares que assim as poderão cruzar com os seus próprios instrumentos.

Como última nota reflexiva queremos, ainda, sublinhar e especificar algo que se antevê na estrutura dos capítulos, concretamente no ponto 4, ou seja a referência às limitações e estudos futuros relativamente a cada um dos instrumentos apresentados. Com efeito, o investigador nunca se pode dar por satisfeito com os resultados de uma investigação: é a reflexão, análise a aceitação dos seus limites que permite equacionar o alargamento da investigação e, neste caso concreto, facilitar o desenvolvimento e aperfeiçoamento dos instrumentos de avaliação aqui apresentados. Por outro lado, a sua utilização por outros investigadores, em diferentes populações e contextos, enquadra-se neste processo recursivo de contínuo enriquecimento científico, por exemplo através de novos estudos de evidência de validade e/ou precisão. Assim, as limitações destes estudos são também as suas potencialidades, quando facilitam a evolução do conhecimento nesta área específica do saber psicológico.

Fica a expetativa de que, através da disponibilização deste conjunto de ferramentas a utilizar na avaliação familiar, novos estudos sejam desenvolvidos no sentido de ultrapassar algumas das limitações apresentadas ao longo dos sete capítulos (e.g., dimensões reduzidas das amostras, necessidade de mais estudos de evidência de validade). Resta desejar que este livro, que se pretende um "quase manual" construído na ótica do utilizador, possa ser útil para quem o consulta e, fundamentalmente, para o desenvolvimento rigoroso do conhecimento na área dos estudos sobre a Família.

Referências

Barnes, L. H., & Olson, D. H. (1985). Parent-adolescent communication and the circumplex model. *Child Development, 56,* 438-447. doi:10.1111/1467-8624.ep7251647

Bateson, G. (1987). *Natureza e espírito.* Lisboa: Dom Quixote. Edição original, 1979.

Boing, E., Crepaldi, M. A., & Moré, C. L. O. (2008). Pesquisa com famílias: Aspetos teóricos--metodológico. *Paidéia, 18*(40), 251-266.

European Family Therapy Association. (2009). *EFTA Research proposed structure.* Documento não publicado.

Lagarelhos, J. P. (2012). *Stress, coping e qualidade de vida familiar: As evidências de 26 investigações realizadas entre 2007-2010.* (Dissertação de mestrado integrado, não publicada). Faculdade de Psicologia e de Ciências da Educação da Universidade de Coimbra, Portugal.

McCubbin, H. I., & Patterson, J. M. (1983). Family stress and adaptation to crises: A double ABCX model of family behavior. In D. H. Olson & R. C. Miller (Eds.), *Family studies review yearbook: Vol. 1* (pp. 87-106). Beverly Hills, CA: Sage.

Morin, E. (1992). *Introduction à la pensée complexe* (4ème ed.). Paris: ESF. Edição original, 1990.

Olson, D. (2000). Circumplex model of marital and family systems. *Journal of Family Therapy, 22*(2), 144-167.

Portugal, A., & Alberto, I. (in press). Escala de Avaliação da Comunicação na Parentalidade (COMPA): Desenvolvimento e validação de uma medida da comunicação parento-filial. *Avances en Psicologia Latinoamericana.*

Simões, M. R., Machado, C., Gonçalves, M., & Almeida, L. S. (2007). *Avaliação psicológica: Instrumentos validados para a população portuguesa.* (1ª ed.), Vol. 1. Coimbra: Quarteto.

Sotero, L., & Relvas, A. P. (2012). A intervenção com clientes involuntários: Complexidade e dilemas. *Psicologia & Sociedade, 24,* 187-196. doi: 10.1590/S0102-71822012000100021

FUNCIONAMENTO E COMUNICAÇÃO FAMILIAR

SYSTEMIC CLINICAL OUTCOME ROUTINE EVALUATION (SCORE-15)

Margarida Vilaça
José Tomás da Silva
Ana Paula Relvas

"The SCORE approach starts from the systemic belief that the ways that relationships operate within the family are central to the welfare of all family members."

(Stratton et al., 2014, p. 4)

Resumo

Em 2010, Stratton, Bland, Janes e Lask desenvolvem um instrumento breve composto por 15 itens que permitem avaliar vários aspetos do funcionamento familiar, sensíveis à mudança terapêutica, o *Systemic Clinical Outcome and Routine Evaluation* (SCORE-15). Neste capítulo apresentam-se os estudos de adaptação e validação da versão portuguesa do SCORE-15 numa amostra combinada (comunitária e clínica) de 513 participantes de todo o país. A análise fatorial exploratória indica-nos uma solução fatorial de três fatores, tal como a estrutura da versão original, embora o agrupamento dos itens não replique a solução fatorial original. Na análise confirmatória verificou-se uma correspondência exata com os fatores da escala original: Recursos Familiares, Comunicação na Família e Dificuldades Familiares. A versão portuguesa do SCORE-15 evidencia

DOI: http://dx.doi.org/10.14195/978-989-26-0839-6_1

igualmente uma boa consistência interna em termos da escala global e das suas dimensões. Os resultados são discutidos com base na utilidade do SCORE-15 para a investigação e prática clínica.

Palavras-chave: funcionamento familiar, análise fatorial exploratória, análise fatorial confirmatória, SCORE-15.

Abstract

In 2010, Stratton, Bland, Janes and Lask developed a brief measure composed by 15 items to evaluate several indicators of family functioning, sensitive to therapeutic change, the Systemic Clinical Outcome and Routine Evaluation (SCORE-15). In this chapter we present the adaptation and validation studies of the Portuguese version of SCORE-15 in a combined sample (community and clinical) of 513 participants from all over the country. Factor analysis revealed a three-factor solution, as the original factor structure, although the items combination does not replies the original factor solution. Confirmatory factor analysis indicated an exact correspondence with the original scale dimensions: Family Strengths, Family Communication and Family Difficulties. Portuguese SCORE-15 also showed good internal reliability for the global scale and its dimensions. Results are discussed concerning the utility of SCORE-15 both for research and clinical practice.

Key-words: family functioning;, exploratory factor analysis, confirmatory factor analysis, SCORE-15.

1. Instrumento

O que é, o que avalia e a quem se aplica?

No Quadro 1 encontra-se a ficha técnica relativa ao *Systemic Clinical Outcome Routine Evaluation* (SCORE-15; Stratton, Bland, Janes, & Lask, 2010).

Quadro 1.
Ficha técnica do SCORE-15

O que é?	A versão portuguesa de 15 itens do SCORE – *Systemic Clinical Outcome Routine Evaluation* (SCORE-15), escala publicada originalmente em 2010 por P. Stratton, J. Bland, E. Janes e J. Lask, em Inglaterra		
O que avalia?	O SCORE-15 é um questionário de auto-resposta que avalia vários aspetos do funcionamento familiar que são sensíveis à mudança terapêutica, contendo itens que se distribuem por três dimensões da família: Recursos Familiares, Comunicação na Família e Dificuldades Familiares		
	Estrutura do SCORE-15		
	Subescala	Número Itens	Descrição
	Recursos Familiares (RF)	5	Refere-se aos recursos e à capacidade de adaptação da família
	Comunicação na Família (CF)	5	Avalia a comunicação no sistema familiar
	Dificuldades Familiares (DF)	5	Remete para a sobrecarga das dificuldades no sistema familiar
A quem se aplica?	O SCORE-15 foi desenvolvido para ser utilizado com os vários elementos da família com mais de 12 anos, destinando-se a uma utilização corrente na prática clínica e investigação		
Como ter acesso?	O acesso ao SCORE-15 pode ser efetuado através da página http://www.fpce.uc.pt/avaliaçaofamiliar que contém todos os instrumentos de avaliação apresentados neste livro. Os utilizadores deverão facultar os contactos pessoais e institucionais, bem como dados acerca do propósito da utilização do SCORE-15 (e.g., investigação, prática clínica) e concordar com as condições de utilização e de partilha dos resultados com os autores da versão portuguesa		

Fundamentação e história

Desde o início do século XX que terapeutas, clientes e supervisores procuram legitimar a eficácia da terapia sistémica, considerando imprescindível a evidência e auditoria desta prática profissional (Asen, 2002; Friedlander, Wildman, Heatherington, & Skowron, 1994; Stratton, 2008). Apesar de a sua eficácia ser já amplamente reconhecida e aceite pelo público em geral, e pela comunidade científica em particular, alguns autores verificaram que a terapia familiar sistémica (TFS) se encontrava em desvantagem quando comparada com outras formas de intervenção, pelo simples facto de os profissionais não avaliarem objetivamente os seus resultados terapêuticos e as medidas de avaliação existentes serem inadequadas (Stratton et al., 2010). Até então, os instrumentos aplicados em contexto de terapia eram predominantemente direcionados para a avaliação individual e a grande maioria das escalas validadas, destinadas à avaliação familiar, não eram consistentes com a abordagem sistémica (Stratton, McGovern, Wetherell, & Farrington, 2006), justificando assim a necessidade crescente de desenvolver uma medida capaz de avaliar o funcionamento das famílias em terapia.

Mais recentemente, têm sido propostos alguns instrumentos de avaliação dos resultados da terapia familiar, através da avaliação do funcionamento familiar, embora sejam pouco utilizados na prática clínica devido às limitações que apresentam. Exemplo disso é o *Systemic Therapy Inventory of Changes* (STIC; Pinsof et al., 2009) que avalia quer o funcionamento dos indivíduos (adultos e crianças), quer o de casais ou famílias, bem como o funcionamento das famílias de origem. O *Synergic Navigation System* (SNS; Schiepek & Strunk, 2010), por sua vez, propõe aos clientes a realização de avaliações diárias do seu estado psicológico numa plataforma *online*, as quais serão posteriormente transmitidas aos terapeutas e investigadores, permitindo assim o acesso em tempo real à perspetiva dos clientes, bem como a monitorização dos processos de mudança terapêutica. Contudo, a morosidade da aplicação de ambos os instrumentos (o seu preenchimento demora cerca de uma hora para cada cliente) apontou para a necessidade de se desenvolverem instrumentos breves de avaliação dos resultados terapêuticos (Stratton et al., 2010).

Perante este panorama, um grupo de terapeutas ingleses reuniu-se com o objetivo de desenvolver uma medida de avaliação dos resultados da terapia familiar, compatível com a linha do pensamento do construcionismo social e com a prática corrente da TFS, resultando no desenvolvimento do SCORE – *Systemic Clinical Outcome and Routine Evaluation* (Stratton et al., 2010). Tendo como ponto de partida uma revisão dos instrumentos de avaliação existentes até à data (Janes, 2005), bem como uma revisão dos estudos empíricos e observações de terapeutas familiares sobre o funcionamento familiar, os autores constataram que os indicadores da qualidade do funcionamento familiar refletem as melhorias mais importantes na terapia familiar. Desta forma, os autores visavam especificamente: (a) criar uma medida particularmente sensível à mudança do funcionamento familiar ao longo da terapia; (b) identificar aspetos em que os sujeitos demonstrassem mais dificuldades no seu dia-a-dia familiar; e (c) avaliar aspetos do funcionamento familiar que, expectavelmente, mudam ao longo da terapia e à medida que a família começa a lidar melhor com os problemas apresentados (Stratton et al., 2010).

Inicialmente, foi desenvolvida uma versão preliminar do SCORE com 40 itens (SCORE-40), envolvendo a colaboração de uma rede de vários clínicos e instituições de Inglaterra. Esta equipa de investigação começou por desenvolver um longo processo de revisão da literatura sobre o funcionamento familiar e a sua avaliação, de forma a identificar as dimensões mais relevantes na avaliação deste constructo. Deste processo surgiram cinco diferentes dimensões do funcionamento familiar: (a) Atmosfera e Ambiente, (b) Conflito, (c) Expressividade e Comunicação, (d) Regras e Papéis, e (e) Funcionalidade e Adaptação. De seguida, a equipa de investigação procedeu à criação dos itens, desenvolvidos com base nas sugestões dos terapeutas e participantes de estudos piloto realizados anteriormente (Stratton et al., 2010). O SCORE-40 foi então aplicado a uma amostra clínica ($N = 482$) e não-clínica ($N = 126$) para efeitos comparativos. Tanto na amostra clínica como na não-clínica, o resultado total da escala demonstrou possuir uma elevada consistência interna, traduzida num coeficiente alfa de Cronbach de .93 e .90, respetivamente. A análise fatorial exploratória do SCORE-40 apontou para a existência de três fatores, com possibilidade de se considerar um quarto: (a) Competências e Adaptação, (b) Dificuldades, (c) Comunicação Disruptiva, e (d) Hostilidade e Agressão.

Apesar de apresentar propriedades psicométricas adequadas, o SCORE-40 parecia ainda não ser viável para um uso corrente na prática clínica devido à sua extensão e ao tempo dispendido no seu preenchimento (Stratton et al., 2010). Atendendo a esta limitação, continuaram a realizar-se vários estudos tendo como objetivo principal o afinamento e redução dos itens do instrumento. Este processo de seleção de itens e de uma estrutura fatorial representativa de uma versão reduzida do SCORE originou o SCORE-15. A versão de 15 itens é composta por cinco itens para cada um dos três fatores: (a) Recursos Familiares, (b) Comunicação na Família e (c) Dificuldades Familiares. As análises realizadas com a amostra combinada de 608 participantes (amostra clínica e amostra não-clínica), indicaram o seguinte: o 15 itens possuem uma boa consistência interna (alfa de Cronbach de .89); a existência de três fatores; a capacidade destes 15 itens representarem o SCORE-40 original, permitindo explicar 95% da variância na média dos 40 itens (Stratton et al., 2010).

Num outro estudo realizado na Irlanda, com recurso ao SCORE-40, Cahill, O'Reilly, Carr, Dooley e Stratton (2010) confirmam novamente a estrutura de três fatores, agora com uma nova designação: (a) Competências, (b) Dificuldades e (c) Comunicação. Neste estudo, procedeu-se também ao refinamento desta solução fatorial, eliminando os itens com menores saturações nos fatores, menores comunalidades e saturações elevadas em mais que um fator, originando assim uma versão de 28 itens - o SCORE-28. À semelhança das versões anteriores, também esta revela boas qualidades psicométricas para o resultado total (e.g., coeficiente alfa de Cronbach de .93, estabilidade teste-reteste de .89, p <.001). Mais recentemente, foi criada uma versão de 29 itens do SCORE, constituída por todos os itens do SCORE-28 (14 deles comuns ao SCORE-15) mais um item exclusivo do SCORE-15 (item 4). Esta versão, criada por Fay e colaboradores (2013), tem como objetivo possibilitar a recolha de informação para as duas versões, através de uma única aplicação. As análises fatoriais e confirmatórias certificam que, em ambas as versões (SCORE-15 e 28), a solução de três fatores é aquela que melhor se adequa, tendo em conta os itens e o que eles avaliam, indo ao encontro da solução de três fatores apoiada pelos estudos anteriores. Em todas as versões do SCORE os itens são cotados numa escala de *Likert* com 5 níveis de resposta (1 = muito bem; 2 = bem; 3 = em parte; 4 = mal; 5 = muito mal) ou 6 pontos (1 = extremamente bem; 2 = muito bem; 3 = bem; 4 = em parte; 5 = mal; 6 = muito mal), existindo também algumas perguntas de resposta aberta direcionadas para o processo terapêutico em si, expectativas dos clientes, descrição do problema e opiniões (Fay et al., 2013).

As várias versões originais foram alvo de estudos de adaptação e validação psicométrica, indicando que a versão de 15 itens é a mais viável para uso clínico, permitindo aceder a indicadores da necessidade de terapia, bem como referentes à mudança terapêutica (Stratton et al., 2014). Atualmente, o SCORE está a ser traduzido e estudado em vários países europeus, incluindo em Portugal, onde não existem ainda escalas que se debrucem especificamente sobre a avaliação dos resultados da TFS.

2. Estudos em Portugal
Como foi desenvolvido/adaptado e validado?

Estudos de tradução e adaptação

Os estudos de adaptação e validação do SCORE-15 para o contexto português resultam de um processo, decorrido entre outubro de 2010 e maio de 2013, que poderá ser apresentado em duas etapas complementares: (a) tradução e adaptação cultural e (b) estudos de evidência de validade e precisão da escala.

No âmbito do projeto SCORE da *European Family Therapy Association* (EFTA), responsável pelo desenvolvimento e estudo psicométrico do instrumento, uma equipa de investigadores da Faculdade de Psicologia e Ciências da Educação da Universidade de Coimbra (FPCE-UC) da área de Sistémica, Saúde e Família integrou uma rede de países europeus que ambicionavam adaptar e validar uma medida de avaliação do funcionamento familiar para o seu país, com eventual validade europeia. Neste contexto, iniciámos o estudo de tradução do SCORE-15, tendo como base o processo de tradução-retroversão (Gjersing, Caplehorn, & Clausen, 2010), de acordo com o protocolo de tradução proposto pelos autores do instrumento. Num primeiro momento, foram desenvolvidas duas traduções, de modo independente, por um tradutor fluente em português e inglês e por um psicólogo com formação em Psicologia clínica sistémica. De seguida, tendo como ponto de partida as traduções iniciais, quatro tradutores, com competências linguísticas semelhantes, realizaram novas traduções e promoveram a discussão dos itens, resultando numa tradução conciliadora. Por fim, dois tradutores independentes efetuaram duas retroversões, que estiveram na base da versão conciliadora final, ultimada pela equipa de investigação do SCORE (SCORE-15; Tradução portuguesa: Relvas, Vilaça, Sotero, Cunha, & Portugal, 2010).

Realizou-se um estudo preliminar da escala, de modo a avaliar a sua adequação semântica e explorar alguns indicadores do seu funcionamento psicométrico na população portuguesa. A versão final preliminar foi então administrada a uma amostra comunitária de 21 sujeitos representantes de diferentes famílias, tendo sido pedido que registassem eventuais erros, desadequações, ambiguidades na formulação dos itens ou outras dificuldades sentidas ao responder ao SCORE-15. Deste procedimento resultaram pequenas alterações na versão administrada, nomeadamente, a alteração da formulação de itens potencialmente ambíguos (itens 5, 12 e 13) e a clarificação das instruções de preenchimento (Portugal, Sotero, Cunha, Vilaça, & Relvas, 2010). De um modo geral, este estudo piloto indicou-nos que o SCORE-15 é um questionário acessível aos respondentes e de rápida aplicação (o seu preenchimento demorou entre 5 a 10 minutos).

Concluído o estudo de tradução e adaptação para o contexto português, procedemos à administração do SCORE-15 a um conjunto alargado de famílias de dois contextos distintos: contexto clínico (clientes de TFS) e não-clínico (amostra comunitária). À semelhança dos estudos de validação do SCORE-28 para a população irlandesa (Cahill et al., 2010), a amostra utilizada neste estudo consiste numa amostra combinada ($N = 513$), ou seja, trata-se de uma amostra que integra uma subamostra comunitária e uma subamostra clínica, recolhida por todo o país (continente e ilhas), entre os meses de novembro de 2010 e fevereiro de 2013.

A subamostra comunitária ($n = 406$) foi recolhida através de dois procedimentos distintos: versão em papel e lápis e versão *online*, tendo em consideração os seguintes critérios de inclusão: (a) idade dos sujeitos superior a 12 anos, (b) serem de nacionalidade portuguesa, (c) não estarem a receber apoio psiquiátrico, e (d) não serem amigos próximos ou familiares dos investigadores. Dadas as dificuldades inicialmente sentidas na recolha de protocolos através da versão do SCORE em formato papel e lápis, optou-se por desenvolver uma plataforma *online*. Mais especificamente, foram recolhidos 244 protocolos através da modalidade "papel-lápis" (60.1%) e 162 através da modalidade *online* (39.9%). A subamostra clínica ($n = 107$) contou com a participação de diversos centros de terapia (públicos e privados) que realizam terapia familiar e/ou de casal, distribuídos pelo país, especificamente nas regiões Norte, Centro, Lisboa, Região Autónoma da Madeira e Região Autónoma dos Açores. À subamostra clínica correspondem protocolos aplicados às famílias no início da primeira sessão de terapia.

Em ambos os casos, para além da aplicação do SCORE-15, utilizou-se também um questionário de dados sociodemográficos e familiares, para uma identificação e caracterização do respondente e da sua família. Este questionário averigua alguns dados pessoais do respondente, como o sexo, a idade, o estado civil, a profissão, a nacionalidade, entre outras variáveis sociodemográficas, mas também permite recolher dados de natureza familiar, como informações sobre os elementos do agregado familiar. Antes de se proceder à aplicação dos instrumentos, foi apresentado aos sujeitos que aceitaram participar no estudo um documento de consentimento informado que continha a apresentação dos objetivos do estudo, a garantia do anonimato das respostas, o caráter voluntário da participação e assegurava que os dados seriam utilizados somente para fins estatísticos.

A amostra combinada do nosso estudo é então composta por 297 participantes do sexo feminino (57.9%) e 216 do sexo masculino (42.1%). Quanto às idades, estas encontram-se compreendidas entre os 12 e os 92 anos, sendo a média 38.57 (DP = 16.32). As faixas etárias mais predominantes são 12-24 (21.6%) e 40-49 anos (20.9%). A escolaridade dos participantes é diversificada, variando entre os indivíduos sem escolaridade (2.1%) e os doutorados (1.2%), sendo a maioria licenciados (34.3%). Relativamente ao estado civil, os sujeitos, na sua maioria, são casados ou vivem em união de facto (49.7%), seguindo-se os solteiros (38.4%) e, menos frequente, os divorciados, separados e viúvos (11.9%). Em termos do nível socioeconómico (NSE) da amostra, aferido com base na classificação de Simões (2000), que cruza dados relativos às profissões e à escolaridade, a categoria mais representativa é o NSE médio (34.9%), seguindo-se o NSE elevado (22.0%) e, por último o NSE baixo (1.8%) (Simões, 2000). No que à zona de residência diz respeito, os 513 sujeitos respondentes, agrupam-se, na sua grande maioria, em áreas predominantemente urbanas (48.1%), seguindo-se os habitantes de áreas moderadamente urbanas (30.6%) e predominantemente rurais (8.0%) (INE, 2002). Por último, em termos da posição e composição do agregado familiar dos sujeitos participantes, a maioria são filhos ou filhas (33.4%) e mães (28.3%) pertencentes a agregados familiares compostos, em média, por três a quatro elementos.

Após a conclusão da tradução portuguesa do SCORE-15 e da realização de estudos de adaptação desta escala, têm sido desenvolvidos estudos de investigação com este instrumento na FPCE-UC, especificamente, sobre o processo e resultados em TFS.

Estudos descritivos

A análise descritiva dos 15 itens do SCORE encontra-se no Quadro 2, onde estão apresentados os valores para a média, desvio-padrão, moda, amplitude, assimetria e curtose. São também apresentadas as análises de consistência interna, nomeadamente, os valores das correlações item-total e os valores do coeficiente alfa de Cronbach quando o item é excluído.

Quadro 2.
Estatísticas descritivas dos itens do SCORE-15 e consistência interna

Item	M	DP	Moda	Amplitude	Assimetria	Curtose	Correlação Item-Total Corrigida	Alfa com Item Excluído
1	1.89	0.94	1	1-5	0.99	0.69	*.09*	.85
2	3.05	1.31	3	1-5	-0.02	-1.09	.62	.83
3	1.97	0.99	1	1-5	0.85	0.18	*.15*	.85
4	3.14	1.46	5	1-5	-0.10	-1.33	.68	.82
5	3.12	1.16	3	1-5	-0.11	-0.75	*.17*	.85
6	1.75	0.91	1	1-5	1.20	1.11	*.12*	.85
7	3.11	1.59	5	1-5	-0.09	-1.57	.70	.82
8	3.07	1.34	3	1-5	-0.05	-1.14	.61	.83
9	3.17	1.33	3	1-5	-0.07	-1.18	.69	.82
10	1.93	0.96	1	1-5	0.92	0.43	*.16*	.85
11	3.05	1.35	3	1-5	-0.03	-1.18	.74	.82
12	3.08	1.53	5	1-5	-0.04	-1.49	.73	.82
13	3.13	1.08	3	1-5	-0.06	-0.62	.34	.84
14	3.02	1.41	2ª	1-5	0.01	-1.29	.73	.82
15	2.32	0.94	2	1-5	0.43	0.04	*.16*	.85

Nota. Os valores assinalados a itálico correspondem a itens com valores inferiores ao desejável (.30).
ªItem plurimodal (valor 2, 3, 5). É apresentado o valor mais baixo.

Os resultados encontrados (cf. Quadro 2) indicam que o item que apresenta uma média mais elevada ($M = 3.17$; $DP = 1.33$) corresponde ao item 9 "Na minha família, parece que surgem crises umas atrás das outras". Por outro lado, o item 6 "Confiamos uns nos outros" obteve a média mais baixa ($M = 1.75$; $DP = 0.91$). De um modo geral, os valores oscilam entre 1 e 5, sendo que o valor mais frequente é o 3 ("Descreve-nos em Parte"). Verifica-se ainda que os inquiridos utilizaram, para cada um dos 15 itens, as cinco possibilidades de resposta existentes. Quanto à assimetria, os itens apresentam na sua maioria um valor negativo, com destaque para um maior afastamento do item 6 (assimetria = 1.20). Em termos do grau de achatamento da distribuição, os itens que se encontram mais afastados do valor zero são os itens 2, 4, 6, 7, 8, 9, 11, 12 e 14, com um valor positivo para o item 6 (curtose = 1.11) e valores negativos para os restantes itens, entre -1.09 e -1.57.

Estudos de precisão

Para averiguar a precisão dos dados, procedemos à análise da consistência interna dos itens do SCORE-15, através do cálculo do coeficiente alfa de Cronbach, da escala total e dos fatores que a compõem. Assim sendo, a escala total apresenta uma boa consistência interna ($\alpha = .84$), tal como acontece com o Fator 1 ($\alpha = .85$), o Fator 2 ($\alpha = .83$) e o Fator 3 ($\alpha = .82$) (Pestana & Gageiro, 2008). A análise dos valores do coeficiente alfa da escala total aquando a exclusão de qualquer um dos itens indica-nos que a sua exclusão não aumenta de forma expressiva a consistência interna total da escala (cf. Quadro 2). Os valores de correlação item-total revelam uma adequada capacidade discriminante de todos os itens ($r > .30$) (Wilmut, 1975), à exeção dos itens 1, 3, 5, 6, 10 e 15.

Estudos de validade de constructo: Análise fatorial exploratória

A validade interna do SCORE-15 foi verificada através da análise fatorial exploratória (análise das componentes principais das correlações entre as variáveis), uma das técnicas mais reconhecidas na identificação de constructos subjacentes. Procedemos, então, à verificação dos critérios de adequação da amostra não se tendo verificado a normalidade da distribuição dos dados ($K-S = .09$; $p < .01$). Contudo, a dimensão da amostra é superior a 100 sujeitos ($N = 513$) e apresenta um rácio de cerca de 34 sujeitos para cada item da escala, satisfazendo assim as propostas mais exigentes relativas à dimensão amostral (Hair, Anderson, Tatham, & Black, 1995). Obtiveram-se resultados significativos ao nível da medida de adequação da amostra para a realização da análise em componentes principais, através do cálculo de critério de Kaiser-Meyer-Olkin (KMO) (.907) e do teste de esfericidade de Bartlett ($\chi2 = 4006.318$; $gl = 105$, $p < .001$), mostrando que existem correlações entre as variáveis (Pestana & Gageiro, 2008).

A análise em componentes principais aponta para uma solução de três fatores (com valores próprios superiores a 1) que, em conjunto, explicam 64.98% da variância total. Avançamos com a rotação *Varimax*, forçando a extração de três fatores, uma vez que este método maximiza as saturações mais elevadas e reduz as saturações mais baixas (Pestana & Gageiro, 2008), permitindo assim comparar os resultados com a estrutura fatorial sugerida pelos autores da escala. Da observação do Quadro 3, constatamos que, apesar de os resultados indicarem uma estrutura fatorial semelhante à original, i.e., dividida em três fatores, os itens não se encontram agrupados nos mesmos fatores, não se confirmando uma correspondência com a escala original, em termos estatísticos e teóricos. Analisando o conteúdo dos itens de cada um dos três fatores, nota-se que, à exceção do segundo fator (F2) (onde estão agrupados todos os itens relativos à dimensão Recursos Familiares), os restantes dois fatores reúnem itens que claramente não se enquadram na definição desses componentes. Especificamente, num primeiro fator (F1) saturam oito itens, sendo quatro relativos à subescala Comunicação na Família (itens 2, 4, 8 e 12) e outros quatro respeitantes às Dificuldades Familiares (itens 7, 9, 11 e 14). No terceiro fator (F3) encontramos apenas dois itens, sendo um item relativo à Comunicação na Família (saturando simultaneamente no primeiro fator) e um outro referente às Dificuldades Familiares (cf. Quadro 3).

Quadro 3.
Matriz rodada, comunalidades e variância explicada (Rotação Varimax) – SCORE-15

Itens	Fatores			h^2
	1	2	3	
14. Na minha família culpamo-nos...	.866			.751
12. As pessoas da minha família...	.860			.741
11. As coisas parecem correr...	.845			.734
7. Sentimo-nos muito infelizes...	.820			.675
4. Sinto que é arriscado discordar...	.820			.682
9. Na minha família parece que...	.771			.644
8. Na minha família, quando as pessoas...	.766			.614
2. Na minha família muitas vezes...	.747			.593
10. Quando um de nós está...		.838		.708
3. Todos nós somos ouvidos...		.801		.693
1. Na minha família, falamos...		.785		.627
15. Somos bons a encontrar...		.759		.579
6. Confiamos uns...		.747		.568
5. Sentimos que é difícil...			.906	.829
13. Na minha família as pessoas...	.358		.426	.310
% variância explicada	36.251	20.863	6.869	

A solução fatorial resultante revela-se, desta forma, complexa e ambígua: para além de não fazer sentido teoricamente, a distribuição alcançada não coincide com os três fatores sugeridos pelos autores da escala, não indo, por isso, ao encontro dos resultados alcançados com os outros estudos de validação realizados com o SCORE-15 (Cahil et al., 2010; Fay et al., 2013).

Estudos de validade de constructo: Análise fatorial confirmatória

Foram realizados estudos de análise fatorial confirmatória do modelo proposto pelos autores da versão original do SCORE-15 de modo a averiguar, mais uma vez, a correspondência dos nossos dados. Ou seja, testámos um modelo composto por três fatores (Recursos Familiares, Comunicação na Família e Dificuldades Familiares) constituídos cada um por cinco itens (RF: itens 1, 3, 6, 10 e 15; CF: itens 2, 4, 8, 12 e 13; DF: itens 5, 7, 9, 11 e 14).

A análise dos resultados indica que a estrutura trifatorial original apresenta índices de ajustamento adequados para o modelo re-especificado (cf. Quadro 4). O valor dos índices considerados para determinar a adequação do ajustamento global do modelo de medida do SCORE-15 inspecionado [qui-quadrado absoluto ($\chi 2$) = 215.082 ($p < .001$), qui-quadrado normalizado ($\chi 2/gl$) = 2.501] foi superior [$CFI = .967$, $GFI = .947$] ao valor critério de .90. Relativamente à raiz quadrada da média do erro de aproximação ($RMSEA$), o valor foi de .057 (Lo = .05, Hi = .06). Uma vez que $\chi 2/gl$ é inferior a 5, o índice de CFI é superior a .95, o índice de GFI é superior a .90 e $RMSEA$ é inferior a .06 (Byrne, 2001; Maroco, 2010), concluímos que os dados se ajustam à estrutura fatorial original do SCORE-15.

Quadro 4.
Índices de adequação dos modelos testados

	Índice			
Modelo	$\chi 2$	*GFI*	*CFI*	*RMSEA*
Inicial	986.907 (*gl* = 90)	.857	.773	.140
Re-especificado	215.082 (*gl* = 86)	.947	.967	.054

GFI – Goodness-of-Fit Index; CFI – Comparative Fit Index; RMSEA – Root Mean Square Error of Approximation

Para se obter este ajustamento final foram necessárias algumas alterações sugeridas pelos índices de modificação. A este respeito, note-se que apenas se realizaram alterações quando o índice de modificação era elevado e simultaneamente correspondia a uma alteração teoricamente plausível. A título de exemplo, salientamos a associação entre os fatores Comunicação e Dificuldades Familiares, pois ambos abordam obstáculos ou aspetos menos positivos da vida familiar. Um outro ajustamento realizado consiste na associação entre o item 9 ("Na minha família, parece que surgem crises umas atrás das outras") e o item 11 ("As coisas parecem correr sempre mal para a minha família") que remetem para a vivência de obstáculos na família, percebidos sob um ponto de vista do controlo externo. O modelo final atinge uma boa adequação, demonstrando que os ajustamentos efetuados levaram a melhorias relevantes nos índices de ajustamento.

3. Aplicação
Como aplicar, cotar e interpretar?

O SCORE-15 poderá ser aplicado a indivíduos, casais e famílias, desde que os seus elementos tenham idade igual ou superior a 12 anos. A sua administração é recomendável em contexto clínico, uma vez que providencia breves descrições de variados aspetos do relacionamento familiar que são relevantes para indivíduos, casais ou famílias que recorrem à terapia. O instrumento deverá ser preenchido individualmente durante, antes ou após as sessões, conforme o propósito da sua aplicação. Especificamente, para efeitos de investigação no âmbito da terapia familiar sistémica breve, é sugerida a sua aplicação antes, durante ou após a realização de sessões importantes ou momentos-chave de mudança na terapia. Neste sentido, os autores sugerem a sua aplicação antes da primeira sessão, depois da quarta sessão (cerca de seis meses depois) e na sétima sessão (ou última sessão), por permitir a avaliação dos momentos correspondentes ao início, meio e final da terapia (Stratton et al., 2014). Para além disso, este instrumento poderá ainda ser utilizado com a população em geral, i. e., num contexto não-clínico, enquanto medida de avaliação do funcionamento familiar.

No momento do preenchimento, deverá ser respeitada a privacidade do respondente de modo a garantir a confidencialidade das informações, relativamente aos técnicos e aos familiares. Poderá ainda ser facultada ajuda aos respondentes que manifestem dificuldades ao nível da leitura, tendo o cuidado de não alterar a formulação original dos itens.

A cotação do SCORE-15 (total da escala e dimensões) poderá ser feita através de dois métodos distintos: recorrendo à inversão dos itens negativos ou analisando os itens negativos sem proceder à sua inversão. A primeira possibilidade consiste em calcular o resultado total do SCORE através da inversão dos itens 2, 4, 5, 7, 8, 9, 11, 12, 13 e 14 para que as pontuações mais elevadas correspondam a maiores dificuldades na família. O cálculo das três dimensões que o compõem, para uma análise de informação mais específica, realiza-se somando os cinco itens correspondentes a cada dimensão e dividindo esse valor por cinco. Por exemplo, para a dimensão Comunicação na Família (CF) são somados os cinco itens invertidos e divididos por cinco [CF = (R2 + R4 + R8 + R12 + R13) / 5].

Uma outra forma de codificar os dados do SCORE-15 total é somando todos os itens negativos (2 + 4 + 5 + 7 + 8 + 9 + 11 + 12 + 13 + 14), subtrair o resultado deste somatório a 60 e acrescentar o total dos itens positivos (1 + 3 + 6 + 10 + 15) – desta forma [60 - (2 + 4 + 5 + 7 + 8 + 9 + 11 + 12 + 13 + 14)] + (1 + 3 + 6 + 10 + 15)], obtemos o resultado total para cada sujeito. Para calcularmos a média do resultado total do SCORE, dividimos por 15. O cálculo das dimensões realiza-se através da soma dos itens, sendo que quando os itens são negativos, subtraímos o resultado a 30. Por exemplo, para o cálculo da dimensão Dificuldades Familiares retiramos a 30 o somatório dos cinco itens negativos [DF = 30 - (R5 + R7 + R9 + R 11 + R14)]. Para calcularmos os resultados médios obtidos em cada uma das subescalas seguimos a mesma lógica utilizada para o total da escala, isto é, dividimos o total obtido em cada dimensão por cinco, sendo que resultados mais baixos correspondem a um melhor funcionamento.

4. Vantagens, limitações e estudos futuros

O SCORE-15 revela ser um instrumento com propriedades psicométricas bastante razoáveis e apresenta uma estrutura fatorial semelhante à sua versão original. Sendo um indicador válido do funcionamento e mudança familiar, permite-nos aceder a informações relevantes sobre indivíduos, casais e famílias, que recorrem à terapia familiar, em geral, de forma prática e rápida (entre 5 a 10 minutos). Para além disso, o seu preenchimento poderá incitar os respondentes à discussão, reflexão ou partilha de informações potencialmente úteis para a terapia. Ao nível da investigação, fica disponível para a população portuguesa uma ferramenta de estudo dos resultados e processo da terapia familiar sistémica, na medida que permite monitorizar e descrever indicadores comprovados do progresso da terapia sistémica. Desenvolvido de modo a permitir que os respondentes relatem aspetos relativos à sua interação familiar, independentemente do seu meio cultural e socioeconómico, o SCORE-15 representa ainda um importante instrumento de investigação no contexto comunitário, particularmente sempre que se pretenda intervir ao nível das relações na família.

A amostra utilizada no presente estudo poderá constituir-se como uma limitação, na medida em que não é uma amostra estratificada e representativa da nossa população. Parece-nos ainda que os estudos de adaptação e validação beneficiariam de análises independentes com população clínica e população comunitária, de modo a avaliar a capacidade discriminante do questionário e desenvolver valores normativos para ambos os contextos. Por outro lado, verificada a sua validade e aplicabilidade no contexto português, seria importante prosseguir com estudos de validade das pontuações na escala enquanto indicador da mudança terapêutica, à semelhança do que foi realizado pelos autores da versão original. No fundo, tais análises permitir-nos-iam concluir se o SCORE-15 apresenta mudanças significativas ao longo da TFS, bem como perceber de que modo se relaciona com outros indicadores do progresso terapêutico. Seria igualmente útil analisar o funcionamento da escala em diferentes momentos da terapia (sessões iniciais, intermédias, finais e de seguimento). Por fim, parece-nos importante estender a aplicabilidade da escala aos elementos mais novos da família, nomeadamente através da adaptação portuguesa da recente versão do SCORE-15 para crianças com idades compreendidas entre os 8 e os 11 anos (Jewell, Carr, Stratton, Lask, & Eisler, 2013).

5. Bibliografia

Asen, E. (2002). Outcome research in family therapy. *Advances in Psychiatric Treatment*, 8, 230-238. doi:10.1192/apt.8.3.230

Byrne, B. M. (2001). Structural equation modeling with AMOS, EQS, and LISREL: Comparative approaches to testing for the factorial validity of a measuring instrument. *International Journal of Testing, 1*, 55-86. Acedido em http://dx.doi.org/10.1207/S15327574IJT0101_4

Cahill, P., O'Reilly, K., Carr, A., Dooley, B., & Stratton, P. (2010). Validation of a 28-item version of the Systemic Clinical Outcome and Routine Evaluation in an Irish context: The SCORE-28. *Journal of Family Therapy, 32*, 210-231. doi:10.1111/j.1467-6427.2010.00506.x

Fay, D., Carr, A., O'Reilly, K., Cahill, P., Dooley, B. Guerin, F., & Stratton, P. (2013). Irish norms for the SCORE-15 and 28 from a national telephone survey. *Journal of Family Therapy, 35*, 24-42. doi:10.1111/j.1467-6427.2011.00575.x

Friedlander, M., Wildman, J., Heatherington, L., & Skowron, E. A. (1994). What we do and don´t know about the process of family therapy. *Journal of Family Psychology, 8*, 390-416. doi:10.1037/0893-3200.8.4.390

Gjersing, L., Caplehorn, J., & Clausen, T. (2010). Cross-cultural adaptation of research instruments: Language, setting, time and statistical considerations. *BMC Medical Research Methodology, 10*(13), 101-110. doi:10.1186/1471-2288-10-13

Hair, J. F. Jr., Anderson, R. E., Tatham, R. L., & Black, W. C. (1995). *Multivariate data analysis with readings* (4th ed.). Englewood Cliffs, NJ: Prentice Hall.

Instituto Nacional de Estatística (2002). *Censos 2001: Resultados definitivos*. Disponível em: http://www.ine.pt/xportal/xmain?xpid=INE&xpgid=ine_destaques&DESTAQUESdest_boui=71467&DESTAQUESmodo=2

Janes, E. (2005) *Self-Report Measures of Family Function and Change Following Family Therapy: A Review of Conceptual Issues, Existing Measures and Proposals for Improvement*. Disponível em: www.psyc.leeds.ac.uk/staff/p.m.stratton/

Jewell, T., Carr, A., Stratton, P., Lask, J., & Eisler, I. (2013). Development of a children's version of the SCORE index of family function and change. *Family Process, 52*(4), 673-684. doi: 10.1111/famp.12044

Maroco, J. (2010). *Análise de equações estruturais*. Lisboa: Escolar.

Pestana, M. H., & Gageiro, J. (2008). *Análise de dados para ciências sociais - A complementaridade do SPSS* (5ª ed.). Lisboa: Sílabo.

Pinsof, W. M., Zinbarg, R., Lebow, J., Knobloch-Fedders, L. M., Durbin, K. E., Chambers, A. L., ... Friedman, G. (2009). Laying the foundation for progress research in family, couple and individual therapy: The development and psychometric features of the initial systemic therapy inventory of change. *Psychotherapy Research, 19*(2), 143-156. doi:10.1080/10503300802669973

Portugal, A., Sotero, L., Cunha, D., Vilaça, M., & Relvas, A. P. (2010, Outubro). *SCORE-15: Exploratory study of preliminary data in a sample of Portuguese families*. Comunicação apresentada no 7º European Family Therapy Association Congress, Paris, França.

Schiepek, G., & Strunk, G. (2010). The identification of critical fluctuations and phase transitions in short term and coarse-grained time series – a method for the real-time monitoring of human change processes. *Biological Cybernetics, 102*, 197-207. doi:10.1007/s00422-009-0362-1

Simões, M. (2000). *Investigação no âmbito da aferição nacional do teste das Matrizes Progressivas Coloridas de Raven (M.P.C.R.).* Lisboa: Fundação Calouste Gulbenkian/Fundação para a Ciência e Tecnologia.

Stratton, P. (2008). PRN in Action: Constructing an outcome measure for therapy with relational systems: Practitioner research networks in action. *The Psychotherapist, 38*, 15-16.

Stratton, P., Bland, J., Janes, E., & Lask, J. (2010). Developing an indicator of family function and a practicable outcome measure for systemic therapy and couple therapy: The SCORE. *Journal of Family Therapy, 32*, 232-258. doi:10.1111/j.1467-6427.2010.00507.x

Stratton, P., Lask, J., Bland, J., Nowotny, E., Evans, C., Singh, R., Janes, E., & Peppiatt, A. (2014). Detecting therapeutic improvement early in therapy: Validation of the SCORE-15 Index of Family Functioning and Change. *Journal of Family Therapy, 36*(1), 3-19. doi:10.1111/1467-6427.12022

Stratton, P., McGovern, M., Wetherell, A., & Farrington, C. (2006). Family therapy practitioners researching the reactions of practitioners to an outcome measure. *Australian and New Zealand Journal of Family Therapy, 27*, 199-207.

Wilmut, J. (1975). Objective test analysis: Some criteria for item selection. *Research in Education, 13*, 27-56.

ESCALA DE AVALIAÇÃO DA COMUNICAÇÃO NA PARENTALIDADE (COMPA)

Alda Portugal
Isabel Alberto

"Despite the fact that most people become parents
and everyone who has ever lived has had parents,
parenting remains a most mystifying subject."

(Bornstein, 2002, p. 11)

Resumo

Perante a inexistência de uma escala de avaliação da comunicação adaptada/validada para a população portuguesa, foi desenvolvida a Escala de Avaliação da Comunicação na Parentalidade (COMPA). Este instrumento pretendeu avaliar as perceções de 1422 progenitores/filhos sobre a comunicação mantida. A análise da validade interna revelou uma estrutura de cinco fatores para a versão parental (Expressão do Afeto e Apoio Emocional, Disponibilidade Parental para a Comunicação, Metacomunicação, Confiança/Partilha Comunicacional de Progenitores para Filhos, Confiança/Partilha Comunicacional de Filhos para Progenitores) e versão adolescentes (12-16 anos) (Disponibilidade Parental para a Comunicação, Confiança/Partilha Comunicacional de Filhos para Progenitores, Expressão do Afeto e Apoio Emocional, Metacomunicação, Padrão Comunicacional Negativo) e de dois fatores para a versão das crianças (7-11 anos) (Disponibilidade Parental para a Comunicação, Expressão do Afeto e Apoio Emocional).

DOI: http://dx.doi.org/10.14195/978-989-26-0839-6_2

Esta estrutura fatorial exploratória foi confirmada pelos estudos de análise fatorial confirmatória. Os níveis de consistência interna revelaram-se bons para fins clínicos e de investigação.

Palavras-chave: comunicação parento-filial, crianças em idade escolar, adolescentes, validação.

Abstract

The Percepction Scale of Parenting Communication (COMPA) was developed in the absence of a reliable measure about communication in Portuguese population. This instrument has the purpose of evaluate parental and children perception about their communication in a sample composed by 1422 parents and children. The results of internal validity revealed a five-factor structure for parental version (Emotional Support/Affective Expression, Parental Availability to Communication, Metacommunication, Parental Confidence/Sharing, Children Confidence/Sharing) and for adolescent version (12-16 years old) (Parental Availability to Communication, Children Confidence/Sharing, Emotional Support/Affective Expression, Metacommunication, Negative Communication Patterns) and two-factor structure for children version (7-11 years old) (Parental Availability to Communication, Emotional Support/Affective Expression). This factor structure was confirmed by confirmatory factor analysis. COMPA's levels of internal consistency seem to be good for research and clinical use.

Keywords: parent-child communication, school-age children, adolescents, validation.

1. Instrumento

O que é, o que avalia e a quem se aplica?

No Quadro 1 encontra-se a ficha técnica relativa à Escala de Avaliação da Comunicação na Parentalidade (COMPA).

Quadro 1.
Ficha técnica da Escala de Avaliação da Comunicação na Parentalidade

O que é?	A Escala de Avaliação da Comunicação na Parentalidade (COMPA) é um instrumento de avaliação criado de raiz, em Portugal, por Alda Portugal e Isabel Alberto

A escala COMPA foi desenvolvida com o intuito de avaliar a perceção de progenitores e de filhos sobre a comunicação que mantêm entre si. Trata-se de uma escala com três versões: para pais (COMPA-P), para filhos com idades entre os 7 e os 11 anos (COMPA-C) e para filhos com idades entre os 12 e os 16 anos (COMPA-A). A escala é composta por diversas dimensões que variam em função da respetiva versão

Estrutura da COMPA-P		
Subescala	**Número Itens**	**Descrição**
Expressão do Afeto e Apoio Emocional	12	Refere-se à troca de mensagens positivas entre os membros da família considerando algumas características da comunicação (e.g., clareza, resolução de problemas, suporte emocional, apoio verbal, afeto e empatia). Item 39. "Preocupo-me com os sentimentos do meu filho."
Disponibilidade Parental para a Comunicação	8	Diz respeito à sinceridade nas respostas às questões dos filhos, à abertura comunicacional e ao equilíbrio entre estes aspetos e privacidade. Item 26. "O meu filho entende aquilo que lhe quero dizer."
Metacomunicação	8	Remete para a capacidade de os pais utilizarem uma comunicação esclarecedora evitando estratégias manipulativas e de controlo. Item 23. "Tento compreender o ponto de vista do meu filho."

O que avalia? (linha correspondente à secção da tabela acima)

| Confiança/Partilha Comunicacional de Progenitores para Filhos | 7 | Relativas à partilha equilibrada de questões e problemas pessoais, de pais e de filhos, sobre trabalho, relacionamentos, amizades, família. |
| Confiança/Partilha Comunicacional de Filhos para Progenitores | 7 | Item 15. "Quando o meu filho está aborrecido ou zangado comigo explica-me claramente o que sente." |

Estrutura da COMPA-A

Subescala	Número Itens	Descrição
Disponibilidade Parental para a Comunicação	14	Diz respeito à perceção de escuta atenta/ativa dos pais em relação aos filhos. Item 10. "Posso confiar no meu pai e contar-lhe os meus problemas."
Confiança/Partilha Comunicacional de Filhos para Progenitores	7	Refere-se à capacidade do filho em adotar uma postura aberta e honesta e ser responsivo. Item 3. "Converso com o meu pai quando me sinto aborrecido/a."
Expressão do Afeto e Apoio Emocional	5	Reporta-se à ligação afetiva entre filhos e pais que permita a partilha e discussão de preocupações e sentimentos pessoais. Item 29. "Digo ao meu pai que gosto dele."
Metacomunicação	9	Avalia a capacidade dos filhos para estabelecerem uma comunicação aberta e clara com os seus pais. Item 27. "Quando não percebo o que o meu pai me está a dizer digo-lhe e ele tenta explicar-se melhor."
Padrão Comunicacional Negativo	4	Reporta-se aos comportamentos comunicacionais que promovem estilos desadequados de relacionamento. Item 6. "Minto ao meu pai."

Estrutura da COMPA-C		
Subescala	Número Itens	Descrição
Disponibilidade Parental para a Comunicação	8	Diz respeito à perceção de escuta atenta/ativa dos pais em relação aos filhos. Item 13. "O meu pai dá-me atenção e é carinhoso comigo."
Expressão do Afeto e Apoio Emocional	8	Refere-se à ligação afetiva entre filhos e pais que permita a partilha e discussão de preocupações e sentimentos pessoais. Item 14. "O meu pai diz-me que gosta de mim."
A quem se aplica?	A escala COMPA-P destina-se a progenitores de todas as faixas etárias que tenham filhos com idades compreendidas entre os 7 e os 16 anos; a versão COMPA-A deve ser preenchida por adolescentes com idades entre os 12 e os 16 anos; e a versão COMPA-C destina-se a crianças entre os 7 e os 11 anos de idade. A escala COMPA-P pode ser aplicada a qualquer responsável pelo cuidado da criança, no entanto foi desenvolvida e validada especificamente para as figuras parentais (pai e mãe)	
Como ter acesso?	O acesso à Escala de Avaliação da Comunicação na Parentalidade (COMPA) pode ser efetuado através da página www.fpce.uc.pt/avalia-caofamiliar que contém todos os instrumentos de avaliação apresentados neste livro. Os utilizadores deverão facultar os contactos pessoais e institucionais, bem como dados acerca do propósito da utilização de cada uma das versões de COMPA (e.g., investigação, prática clínica) e concordar com as condições de utilização e de partilha dos resultados com os autores da versão portuguesa	

Fundamentação e história

A comunidade científica nacional e internacional debruçou-se, desde cedo, sobre o estudo da comunicação no contexto da família. A escola de Palo Alto, pela mão de um conjunto de autores dos quais se destacam Paul Watzlawick, Janet Beavin, Don Jackson e Gregory Bateson, efetuou alguns estudos importantes nesta área. Watzlawick, Beavin e Jackson (1993) desenvolveram o Modelo da Pragmática da Comunicação Humana que assenta em cinco axiomas, proposições básicas sobre aspetos funcionais da comunicação: 1º é impossível não comunicar; 2º toda a comunicação

47

tem dois níveis, conteúdo e relação, sendo que o segundo classifica o primeiro e é, por isso, uma metacomunicação; 3° a comunicação varia consoante a pontuação da sequência de eventos, ou seja, a compreensão da comunicação dependerá do modo como esta é pontuada uma vez que "a pontuação organiza os eventos comportamentais e, portanto, é vital para as interações em curso" (Watzlawick et al., 1993, p. 51); 4° a comunicação tem uma vertente digital e uma vertente analógica; e 5° a comunicação tem dois tipos de interação: simétrica ou complementar. Este modelo esteve na base da compreensão de alguns estudos efetuados com mães de pacientes esquizofrénicos (Bateson, Jackson, Haley, & Weakland, 1956; Cullin, 2006).

Face à importância dos padrões comunicacionais no desenvolvimento individual e familiar, surgiu um conjunto diversificado de modelos teóricos que se debruçam sobre a compreensão do funcionamento familiar e da comunicação intrafamiliar (Beavers & Hampson, 2000; Miller, Ryan, Keitner, Bishop, & Epstein, 2000; Olson, 2000; Skinner, Steinhauer, & Sitarenios, 2000; Wilkinson, 2000). Estas abordagens dão ênfase às propriedades sistémicas da família como um todo, focando-se nas suas forças e competências, em detrimento do foco nas características intrapsíquicas dos indivíduos que compõem a família. Com base nestes modelos foram desenvolvidos estudos empíricos e escalas de avaliação do funcionamento familiar. Porém, estas escalas revelam-se insuficientes para a avaliação da comunicação familiar, apresentando algumas limitações, tais como: (a) estes modelos não têm uma definição convergente sobre a comunicação familiar, facto que suscita algumas questões relacionadas com a validade do constructo que está a ser medido; (b) os procedimentos levados a cabo para definir as dimensões que cada modelo avalia não estão clarificados; (c) os instrumentos de avaliação desenvolvidos focam-se na adolescência (Barnes & Olson, 1985; Jiménez & Delgado, 2002; Tomé, Gaspar de Matos, Camacho, Simões, & Diniz, 2012; Tribuna, 2000), ficando por abarcar as faixas etárias mais novas (e.g., crianças em idade escolar); (d) nenhuma das medidas apresentadas foi desenvolvida especificamente para avaliar a comunicação parento-filial numa perspetiva multidimensional e em diferentes etapas do ciclo vital; e (e) estes instrumentos de avaliação não estão traduzidos nem adaptados para a população Portuguesa.

Em Portugal, existem poucos estudos sobre este tema. Uma possível explicação prende-se com a inexistência de escalas específicas e validadas que analisem a comunicação parento-filial. Esta foi a principal razão que motivou a construção da escala COMPA, tornando-a num instrumento inovador no sentido de suprir algumas necessidades de cariz clínico e de investigação.

2. Estudos realizados
Como foi desenvolvido e validado?

O desenvolvimento da COMPA foi efetuado de acordo com três etapas: (a) revisão da literatura teórica e empírica, (b) estudo misto (qualitativo/quantitativo) sobre a comunicação parento-filial e (c) validação da COMPA para a população Portuguesa.

Numa primeira fase, foi necessário rever a literatura sobre o tema no sentido de caracterizar o constructo "comunicação familiar" e identificar dimensões consideradas relevantes para a sua análise no contexto da parentalidade (Barnes & Olson, 1985; Cummings & Cummings, 2002; Floyd & Morman, 2003; Herbert, 2004; Segrin & Flora, 2005; Watzlawick et al., 1993). Com base nesta revisão, foi elaborada uma entrevista semiestruturada para analisar as perceções, opiniões e experiências pessoais sobre a comunicação parento-filial em quatro grupos constituídos por cinco elementos cada: (a) pais de crianças com idades entre os 7 e os 11 anos, (b) pais de jovens com idades entre os 12 e os 16 anos, (c) crianças com idades entre os 7 e os 11 anos e (d) jovens com idades entre os 12 e os 16 anos. A aplicação desta entrevista foi realizada de acordo com duas modalidades, em função da disponibilidade dos participantes: em formato individual para os pais e mães e em formato de grupo focal (*focus group*) para os filhos. A justificação pela opção por estas duas modalidades prende-se com o facto de as entrevistas individuais terem como principal objetivo a exploração da perspetiva de um indivíduo, considerado perito sobre o tema em investigação, no sentido de captar os seus sentimentos, opiniões e experiências (Milena, Dainora, & Alin, 2008). Por sua vez, os grupos focais permitem uma discussão interativa entre indivíduos selecionados para integrar o grupo no sentido de gerar discussão e reflexão sobre perceções, pensamentos e impressões acerca do tema sob análise (Milena et al., 2008). Apesar das particularidades inerentes a cada uma destas metodologias, considera-se que ambas as opções são igualmente válidas para a exploração da temática da comunicação pais-filhos (Hill & Hill, 2009; Milena et al., 2008). O roteiro de entrevista destinado aos pais/ mães foi dividido em sete tópicos de discussão: (a) definição do conceito de comunicação, (b) objetivos da comunicação, (c) facilidade/dificuldade na comunicação com os filhos, (d) temas-alvo de comunicação com os filhos, (e) comunicação dos sentimentos/emoções, (f) expressão do afeto e (g) imposição de regras e limites. Por sua vez, o roteiro de entrevista aplicado aos grupos focais contemplou os mesmos tópicos de discussão, mas na perspetiva dos filhos. O roteiro incluiu questões como: "Partilha habitualmente os seus sentimentos com os seus filhos?" ou "Que assuntos são mais fáceis de partilhar com os teus pais?".

Num segundo momento, foi realizada a análise qualitativa/quantitativa do conteúdo das entrevistas com recurso ao *software* NVivo8. Para tal, de acordo com a proposta de Miles e Huberman (1994), as entrevistas foram transcritas e analisadas em detalhe, procurando-se identificar e codificar as palavras-chave e, por fim, distribui-las por categorias. A partir desta análise foram agrupadas sete dimensões concetuais transversais e semelhantes que parecem caracterizar a comunicação parento-filial (Portugal & Alberto, 2013), nomeadamente: o afeto, a atitude filial, a atitude parental, o estabelecimento de regras e limites, a metacomunicação, a partilha de situações problemáticas e os problemas comunicacionais. No sentido de garantir a coerência desta análise qualitativa/quantitativa, foi analisado o acordo intercodificadores, realizado por dois observadores independentes com formação em Psicologia. O teste estatístico Cohen's Kappa revelou um acordo de .79, considerado um valor excelente na literatura (Zwick, 1988).

As sete dimensões derivadas do estudo qualitativo/quantitativo sustentaram a etapa seguinte da construção da COMPA, ou seja, o desenvolvimento de um conjunto vasto de itens que foram discutidos e refletidos com três investigadores especializados em temáticas relacionadas com a família. Desta discussão resultaram alguns comentários positivos: os itens foram considerados de fácil leitura, compreensíveis e, inclusivamente, úteis para quem responde, uma vez que permitem a autorreflexão sobre a postura que se adota na comunicação com o outro. No entanto, foram feitas algumas sugestões no sentido de alterar a formulação de alguns itens e clarificar as instruções de preenchimento da COMPA. Com base nestes resultados foram construídas as primeiras versões da escala: COMPA-P com 71 itens, COMPA-A com 65 itens e COMPA-C com 39 itens.

Por fim, foi realizada a validação da COMPA para a população portu-guesa com uma amostra composta por 1422 sujeitos (803 progenitores e 619 filhos). As propriedades psicométricas das subversões da escala COMPA foram analisadas através de estudos de: (a) análise fatorial ex-ploratória, (b) análise fatorial confirmatória, (c) análise da consistência interna e (d) correlações entre as escalas.

Estudos de precisão

Precisão da COMPA-P

No âmbito dos estudos de evidência de precisão da COMPA-P foram realizadas análises de consistência interna para a escala total e para as diferentes subescalas. Inicialmente, a consistência interna foi analisada para o conjunto de 71 itens, verificando-se um alfa de Cronbach global de .77. Depois de removidos 27 itens, com correla-ções com o total da escala inferiores a .30, o alfa de Cronbach global passou a .91, valor considerado excelente pela literatura (Nunnally, 1978). De acordo com o recomendado por Nunnally (1978) os valores do coeficiente de alfa de Cronbach para as subescalas são aceitáveis para fins de investigação (Fator 1: .82; Fator 2: .73; Fator 3: .73; Fator 4: .75; Fator 5: .62).

Alguns autores defendem que o cálculo do coeficiente de alfa deve ser complementado pela análise dos valores das correlações médias inter-item, uma vez que um elevado valor de alfa pode significar redundância e não uma adequada consistência interna. Os valores da correlação média interitem para a escala global e para as subescalas (intervalo: .33 a .57) estão dentro dos valores recomendados por Briggs e Cheek (1986).

Precisão da COMPA-A

Inicialmente, a consistência interna foi analisada para o conjunto de 65 itens, obtendo-se um alfa de Cronbach global de .85. Depois de removidos 26 itens, com correlações com o total da escala inferiores a .30, o alfa de Cronbach global passou a .94, valor considerado excelente pela literatura (Nunnally, 1978). De acordo com o recomendado por Nunnally (1978) os valores do coeficiente de alfa de Cronbach para as subescalas são aceitáveis para fins de investigação (Fator 1: .87; Fator 2: .87; Fator 3: .84; Fator 4: .81; Fator 5: .65). Por sua vez, os valores da correlação média interitem para a escala global e subescalas variam entre .30 e .57. Estes valores são ligeiramente superiores aos níveis considerados aceitáveis (entre .20 e .40) por Briggs e Cheek (1986).

Precisão da COMPA-C

O alfa de Cronbach global para o conjunto inicial de 35 itens foi de .65. Depois de removidos 16 itens, com correlações com o total da escala inferiores a .30, o alfa de Cronbach global passou a .88, valor considerado bom pela literatura (Nunnally, 1978). De acordo com o recomendado por Nunnally (1978) os valores do coeficiente de alfa de Cronbach para as subescalas são aceitáveis para fins de investigação (Fator 1: .84; Fator 2: .78). Por sua vez, os valores da correlação média interitem para a escala global e subescalas variam entre .32 e .41, níveis considerados aceitáveis por Briggs e Cheek (1986).

Para além dos coeficientes alfas de Cronbach por versões e dimensões do COMPA, os valores de consistência interna foram também analisados atendendo à variável sexo. Como se pode verificar no Quadro 2, os coeficientes alfa de *Cronbach* por sexo demonstram também valores aceitáveis para investigação (Briggs & Cheek, 1986), variando entre .52 e .87.

Quadro 2.
Coeficiente alfa de Cronbach das versões COMPA em função do sexo

Dimensões	I	II	III	IV	V
	COMPA-P				
Mãe	.80	.76	.73	.75	.55
Pai	.86	.75	.72	.78	.52
	COMPA-A				
Mãe	.86	.87	.87	.80	.69
Pai	.83	.85	.86	.83	.62
	COMPA-C				
Mãe	.82	.76	-	-	-
Pai	.86	.78	-	-	-

Estudos de validade interna

Validade da COMPA-P: Análise fatorial exploratória

Inicialmente, verificou-se a adequação de se realizar uma análise fatorial à versão COMPA-P, o que foi confirmado através dos índices de KMO = .94 e do Teste de Esfericidade de Bartlett, χ^2 (946) = 10282.662, $p < .001$. O *scree-plot* revelou vários fatores para a versão COMPA-P, sendo que os cinco primeiros foram os que mais se destacaram e, por esse motivo, foram tomados como referência. Assim, a rotação *Varimax* revelou uma estrutura fatorial constituída por cinco fatores que explicam 42.0% da variância, e não por sete fatores como se previa no estudo qualitativo que deu origem à escala COMPA-P. A partir da análise dos itens de cada um dos fatores, as dimensões passaram a designar-se da seguinte forma (Quadro 3): Fator 1 - Expressão do Afeto e Apoio Emocional, Fator 2 - Disponibilidade Parental para a Comunicação, Fator 3 - Metacomunicação, Fator 4 - Confiança/Partilha Comunicacional de Progenitores para Filhos e Fator 5 - Confiança/Partilha Comunicacional de Filhos para Progenitores.

Quadro 3.
Matriz rodada e alfa de Cronbach: COMPA-P (Rotação Varimax)

Nº	Descrição do Item	Saturação	α com eliminação do item
Fator 1 – Expressão do Afeto e Apoio Emocional			.821
% Variância explicada = 9.9%			
10	O meu filho é muito atencioso...	.40	.907
17	Digo ao meu filho aquilo...	.36	.910
18	Gosto de dar beijos...	.66	.908
19	É fácil dizer...	.41	.908
20	Explico as regras...	.44	.908
28	Digo ao meu filho que...	.64	.907
29	Eu e o meu filho estamos de acordo...	.56	.908
30	Quando converso com o meu filho esforço-me...	.43	.908
34	O meu filho gosta...	.47	.906
37	Procuro animar o meu filho...	.64	.907
39	Preocupo-me com...	.66	.908
44	O meu filho gosta de me surpreender...	.34	.907
Fator 2 – Disponibilidade Parental para a Comunicação			.732
% Variância explicada = 9.8%			
9	O meu filho está disponível...	.57	.907
11	É fácil impor...	.62	.909
24	Sinto-me satisfeito...	.45	.907
26	O meu filho entende...	.50	.907
31	Quando eu e o meu filho nos zangamos...	-.56	.909
40	O meu filho fala comigo...	.51	.907
42	Quando surge uma discussão...	.59	.907
43	Sinto-me sozinho quando é necessário...	-.50	.913
Fator 3 – Metacomunicação			.725
% Variância explicada = 8%			
3	Procuro escolher as palavras...	.30	.909
5	Quando o meu filho me faz perguntas...	.49	.909
22	Quando eu e o meu filho temos algum problema...	.43	.906
23	Tento compreender...	.52	.907
25	Sou capaz de dizer ao meu filho...	.51	.910
33	Perante o meu filho...	.44	.910
35	Quando nego algum pedido...	.65	.909
38	Quando o meu filho não está a compreender o que digo...	.59	.907
Fator 4 – Confiança/Partilha Comunicacional de Progenitores para Filhos			.753
% Variância explicada = 7.2%			
2	Sinto que posso confiar no meu filho e contar-lhe...	.72	.908
4	Eu sei que posso contar...	.58	.908
6	Sinto que posso confiar...	.46	.907
7	Quando quero falar sobre alguma coisa...	.74	.909
8	Converso com o meu filho sobre...	.43	.908
27	Acredito que o meu filho será...	.41	.909
41	Converso com o meu filho quando...	.64	.908

Fator 5 – Confiança/Partilha Comunicacional de Filhos para Progenitores		.615
% Variância explicada = 6.9%		
12 Sei como o meu filho se sente...	.53	.909
13 Compreendo aquilo que o meu filho...	.41	.907
14 Compreendo os problemas...	.48	.907
15 Quando o meu filho está aborrecido/zangado comigo...	.61	.907
16 O meu filho vem conversar comigo...	.62	.907
21 Gostava que o meu filho fosse...	.34	.917
32 O meu filho conversa comigo sobre...	.44	.906
Total COMPA-P		.910

Validade da COMPA-A: Análise fatorial exploratória

Os índices de KMO = .96 e do Teste de Esfericidade de *Bartlett*, χ^2 (741) = 10091.742, $p < .001$ confirmaram a adequação de se realizar uma análise fatorial à versão COMPA-A. O *scree-plot* revelou vários fatores para a versão COMPA-A, sendo que os cinco primeiros foram os que mais se destacaram e, por esse motivo, foram tomados como referência. Assim, a rotação *Varimax* produziu uma estrutura fatorial constituída por cinco fatores que explicam 59.7% da variância, à semelhança do que aconteceu na COMPA-P. A estrutura fatorial final (Quadro 4) ficou composta por: Fator 1 - Disponibilidade Parental para a Comunicação, Fator 2 - Confiança/Partilha de Filhos para Progenitores, Fator 3 - Expressão do Afeto e Apoio Emocional, Fator 4 - Metacomunicação, e Fator 5 - Padrão Comunicacional Negativo.

Quadro 4.
Matriz rodada e alfa de Cronbach: COMPA-A (Rotação Varimax)

N°	Descrição do Item	Saturação	α com eliminação do item
Fator 1 – Disponibilidade Parental para a Comunicação			.865
% Variância explicada = 16.3%			
4	Eu e o/a meu/minha pai/mãe procuramos a melhor maneira...	.54	.941
9	O/a meu/minha pai/mãe conta-me histórias...	.56	.943
10	Posso confiar no/na meu/minha pai/mãe...	.51	.941
11	O/a meu/minha pai/mãe compreende...	.50	.941
12	O/a meu/minha pai/mãe diz-me...	.63	.942
13	O/a meu/minha pai/mãe dá-me...	.63	.941
14	O/a meu/minha pai/mãe gosta...	.53	.942

15	Quando falo com o/a meu/minha pai/mãe ele/ela ouve--me...	.69	.941
16	O/a meu/minha pai/mãe tenta...	.64	.941
17	O/a meu/minha pai/mãe preocupa-se...	.54	.941
18	Quando preciso de conversar com o/a meu/minha pai/mãe...	.58	.941
19	O/a meu/minha pai/mãe explica-me...	.56	.942
20	O/a meu/minha pai/mãe gosta...	.54	.941
21	Quando faço perguntas ao/à meu/minha pai/mãe...	.53	.941
Fator 2 – Confiança/Partilha Comunicacional de Filhos para Progenitores			.873
% Variância explicada = 11.9%			
1	Sinto-me bem com as conversas...	.48	.942
2	Converso com o/a meu/minha pai/mãe sobre...	.59	.942
3	Converso com o/a meu/minha pai/mãe quando...	.76	.942
7	Converso com o/a meu/minha pai/mãe sobre...	.76	.941
30	Quando tenho preocupações (e.g., violência) converso...	.55	.942
33	É fácil para mim dizer ao/à meu/minha pai/mãe...	.50	.942
34	Converso mais com o/a meu/minha pai/mãe...	.61	.942
Fator 3 – Expressão do Afeto e Apoio Emocional			.838
% Variância explicada = 10.8%			
23	Gosto de dar beijos...	.60	.942
29	Digo ao/à meu/minha pai/mãe que...	.70	.941
31	Procuro alegrar o/a meu/minha pai/mãe...	.58	.941
35	Sei que posso conversar com o/a meu/minha pai/mãe...	.61	.941
39	O/a meu/minha pai/mãe sabe que também...	.65	.941
Fator 4 –Metacomunicação			.805
% Variância explicada = 9.6%			
8	Quando converso com o/a meu/minha pai/mãe...	.49	.943
22	Costumo respeitar e estar de acordo...	.44	.942
24	O/a meu/minha pai/mãe explica...	.47	.942
25	Sinto que o/a meu/minha pai/mãe conversa...	.54	.941
27	Quando não percebo o que o/a meu/minha pai/mãe...	.54	.941
28	Entendo o que o/a meu/minha pai/mãe...	.64	.942
32	Quando eu e o/a meu/minha pai/mãe discutimos...	.62	.943
36	Quando faço alguma coisa errada digo...	.56	.942
37	O/a meu/minha pai/mãe sabe que...	.36	.942
Fator 5 –Padrão Comunicacional Negativo			.650
% Variância explicada = 8.6%			
5	Eu e o/a meu/minha pai/mãe ficamos...	-.64	.948
6	Minto...	-.63	.947
26	Quando tenho algum problema...	-.58	.950
38	Tenho dificuldade em acreditar...	-.66	.948
Total COMPA-A			.944

Validade da COMPA-C: Análise fatorial exploratória

A adequação de se realizar uma análise fatorial à versão COMPA-C foi confirmada através dos índices de KMO = .92 e do Teste de Esfericidade de Bartlett, χ^2 (120) = 3112.326, $p < .001$. O *scree-plot* revelou vários fatores para a versão COMPA-C, sendo que os dois primeiros foram os que mais se destacaram e, por esse motivo, foram tomados como referência. Assim, a rotação *Varimax* produziu uma estrutura fatorial constituída por dois fatores que explicam 44.6% da variância. A estrutura fatorial ficou então composta por (Quadro 5): Fator 1 - Disponibilidade Parental para a Comunicação e Fator 2 - Expressão do Afeto e Apoio Emocional.

Quadro 5.
Matriz rodada e alfa de Cronbach: COMPA-C (Rotação Varimax)

Nº	Descrição do Item	Saturação	α com eliminação do item
Fator 1 – Disponibilidade Parental para a Comunicação			.842
	% Variância explicada = 37.3%		
3	O/a meu/minha pai/mãe compreende...	.58	.867
4	O/a meu/minha pai/mãe diz-me...	.50	.873
5	O/a meu/minha pai/mãe dá-me...	.72	.871
6	Quando falo com o/a meu/minha pai/mãe...	.69	.872
7	O/a meu/minha pai/mãe tenta...	.74	.871
8	O/a meu/minha pai/mãe preocupa-se...	.65	.869
9	O/a meu/minha pai/mãe ouve-me...	.56	.870
12	Quando não percebo o que o/a meu/minha pai/mãe...	.57	.876
Fator 2 – Expressão do Afeto e Apoio Emocional			.784
	% Variância explicada = 7.2%		
1	Converso com o/a meu/minha pai/mãe sobre...	.59	.871
2	Converso com o/a meu/minha pai/mãe...	.69	.868
10	O/a meu/minha pai/mãe explica-me...	.48	.875
11	O/a meu/minha pai/mãe explica-me o que sente quando...	.60	.873
13	Entendo o que o/a meu/minha pai/mãe...	.51	.876
14	O/a meu/minha pai/mãe diz-me...	.52	.874
15	Quando tenho preocupações (e.g., violência)...	.70	.874
16	É fácil para mim dizer...	.58	.879
Total COMPA-C			.879

Validade COMPA's: Análise fatorial confirmatória

Depois de determinada a composição fatorial das versões da COMPA com base nos estudos de análise fatorial exploratória, foram realizadas análises confirmatórias das estruturas fatoriais encontradas. Para efetuar essas análises recorreu-se ao *software* AMOS 18. Para o teste de ajuste do modelo proposto foram analisados os seguintes índices: χ^2, CFI (*Comparative Fit Index*), RMSEA (*Root Mean Square Error of Aproximation*) e IFI (*Incremental Fit Index*). De acordo com Schermelleh--Engel, Moosbrugger, e Müller (2003), os valores $\chi^2 \leq 3$ *gl*, *RMSEA* $\leq$ 0.08, e *CFI/IFI* $\geq$ 0.95 indicam um ajuste aceitável do modelo, enquanto que os valores $\chi^2 \leq 2gl$, *RMSEA* $\leq$ 0.05, e *CFI/IFI* $\geq$ 0.97 indicam um bom ajuste do modelo. A supremacia de um modelo sobre o outro foi determinada através das médias do critério *AIC* (*Akaike's information criterion*). Para as três versões da COMPA foram comparados dois modelos fatoriais: um modelo oblíquo, no qual os itens estão distribuídos por fatores e estes, por sua vez, estão relacionados entre si (Modelo 1) e um modelo de um único fator, no qual todos os itens são indicadores da variável latente "comunicação parento-filial" (Modelo 2). Tal como pode ser visto na Quadro 6, de acordo com os índices referidos (*RMSEA, CFI/IFI*), a COMPA-P e COMPA-A apresentam um bom ajuste em todos os índices e a COMPA-C apresenta um ajuste aceitável. De acordo com o *AIC*, constata-se que o Modelo 1 é superior ao Modelo 2, isto é, os modelos oblíquos explicam em melhor medida a estrutura fatorial das versões da escala COMPA, confirmando os dados da análise fatorial exploratória.

Quadro 6.
Análise fatorial confirmatória: COMPA-P, COMPA-C e COMPA-A

		χ^2 (*gl*)	RMSEA (90%CI)	[*CI*]	CFI	IFI	AIC
COMPA-P	1 Fator	428.26 (54)	.09	[.085 ; .101]	.89	.89	500.26
	5 Fatores	143.83 (44)	.05	[.044 ; .063]	.97	.97	*235.83*
COMPA-C	1 Fator	136.08 (20)	.09	[.079 ; .109]	.92	.92	184.08
	2 Fatores	77.47 (19)	.06	[.053 ; .085]	.96	.96	*127.47*
COMPA-A	1 Fator	324.97 (65)	.09	[.077 ; .096]	.93	.93	402.97
	5 Fatores	150.39 (55)	.05	[.046 ; .068]	.98	.98	*248.39*

Nota. Comparação do modelo: para cada versão, o "melhor" modelo (i.e. com menor valor de *AIC*) encontra-se em *itálico*.

Outros estudos de validade realizados em Portugal

A COMPA é um instrumento recente e, por esse motivo, pouco aplicado no contexto da investigação. No entanto, destacam-se dois estudos de validação efetuados no nosso país: um dos estudos analisa a comunicação, resiliência e a perceção dos estilos parentais numa amostra de adolescentes e o outro, ainda em curso, analisa a comunicação entre pais e filhos em processo de regulação das responsabilidades parentais.

Estudo I
Comunicação, resiliência e perceção dos estilos parentais nos adolescentes

O estudo elaborado por Silva (2012) teve como principal objetivo analisar a relação entre a resiliência percecionada por adolescentes entre os 12 e 15 anos (que frequentam a escolaridade obrigatória) e as relações que existem entre esta e a perceção dos estilos e da comunicação parental. Especificamente, o estudo partiu do princípio de que adolescentes com melhor perceção de resiliência tendem a percecionar estilos parentais e comunicacionais mais positivos relativamente aos seus progenitores.

Para elaborar este estudo, a autora recorreu a uma amostra por conveniência composta por 135 adolescentes 34,8% (n = 47) rapazes e 65,2% (n = 88) raparigas, com idades compreendidas entre os 12 e os 15 anos, sendo a média das idades de 13 anos. Estes participantes eram alunos do 7°, 8° e 9° ano de escolaridade do Colégio de São Martinho em Coimbra.

Este estudo, de cariz quantitativo e transversal, recorreu a alguns instrumentos para além da COMPA, nomeadamente o *Parental Rearing Style Questionnaire for use with Adolescents* (EMBU-A; Lacerda, 2005) e a *Resilience Scale* (RS; Wagnild & Young, 1993). Em termos de análises estatísticas, foi efetuado o estudo da consistência interna dos itens dos instrumentos e análises estatísticas não paramétricas para comparação das médias dos grupos (e.g., teste inferencial de *Kruskall-Wallis*, teste inferencial *U de Mann-Whitney*).

A análise da consistência interna da COMPA-A revelou índices semelhantes aos do estudo de validação original da COMPA-A, tal como se pode ver no Quadro 7. Para além disto, os resultados deste estudo confirmam a hipótese prévia: os adolescentes que nunca reprovaram, que têm estilos parentais centrados no suporte emocional e que têm uma perceção satisfatória da comunicação apresentam valores elevados de resiliência.

Quadro 7.
Coeficientes alfas de Cronbach da escala COMPA-A: Estudo original vs. estudo I

Alfa de Cronbach	Fator I	Fator II	Fator III	Fator IV	Fator V
Estudo Original (Portugal & Alberto, 2013)	.86	.87	.83	.80	.65
Estudo I (Silva, 2012)	.92	.88	.88	.83	.62

Estudo II
Comunicação parento-filial em famílias pós-divórcio

Atualmente, a escala COMPA está a ser utilizada para um outro estudo de validação subjacente a dois objetivos: (a) identificação de diferenças estatisticamente significativas entre famílias nucleares intactas e famílias pós-divórcio, ao nível da comunicação, e (b) análise do efeito preditor da comunicação sobre as práticas parentais.

A amostra que constitui este estudo é composta por dois sub-grupos: famílias nucleares intactas ($n = 102$) e famílias pós-divórcio (em processo ativo de Regulação das Responsabilidades Parentais) ($n = 48$). Tratou-se de uma amostragem por conveniência com a colaboração da Equipa Multidisciplinar de Apoio ao Tribunal de Família e Menores de Coimbra e do Porto e com o Centro de Prestação de Serviços à Comunidade da Faculdade de Psicologia e de Ciências da Educação da Universidade de Coimbra. A idade dos pais varia entre os 26 e os 57 anos e a idade dos filhos encontra-se no intervalo dos 7 aos 16 anos.

A análise estatística será efetuada recorrendo a testes de comparação de médias e a modelos de regressão linear múltipla com o intuito de obter modelos parcimoniosos que permitam predizer as práticas parentais em função das dimensões comunicacionais.

3. Aplicação
Como aplicar, cotar e interpretar?

Sendo a escala COMPA um instrumento de auto-resposta, permite uma aplicação autónoma e individual. Por este motivo, deve ser respondida por indivíduos alfabetizados e sem perturbações do foro psíquico. A COMPA pode ser aplicada a qualquer responsável pelo cuidado da criança, no entanto, foi desenvolvida e validada especificamente para aplicação aos pais. O tempo de resposta do instrumento é variável em função das competências cognitivas do respondente. Desta forma, o tempo de preenchimento da versão parental e da versão filhos com idades entre os 12 e os 16 anos pode variar entre os 15 e os 20 minutos; o preenchimento da versão para os filhos mais pequenos (7 aos 11 anos) tende a ser mais prolongado, oscilando entre os 30 a 40 minutos. As três versões da escala COMPA são respondidas numa escala de *Likert* com cinco níveis (1 = *Nunca*; 2 = *Raramente*; 3 = *Às vezes*; 4 = *Muitas vezes*; 5 = *Sempre*). Para efetuar a cotação dos resultados por subescala das três versões da escala COMPA, somam-se os itens e divide-se pelo total de itens da escala. Quanto mais elevada for a pontuação em cada subescala melhor é a perceção da comunicação parento-filial. No entanto, a quinta dimensão da COMPA-A é composta por itens negativos e, por esse motivo, resultados elevados nesta subescala revelam uma perceção negativa sobre a comunicação parento-filial.

Interpretação e estatísticas descritivas da COMPA-P

As médias e os desvios-padrão das pontuações das cinco subescalas para os progenitores encontram-se no Quadro 8. Os valores disponibilizados resultam da soma das pontuações por subescala e da divisão do valor obtido pelo total de itens de cada subescala permitindo, assim, a comparação dos resultados entre subescalas independentemente do número de itens que as compõem. A subescala Expressão do Afeto e Apoio Emocional apresenta as pontuações mais elevadas (as pontuações médias dos itens desta escala para o pai e para a mãe são, respetivamente, 4.25 e 4.42), sendo que a subescala Confiança/Partilha Comunicacional de Filhos para Progenitores apresenta as pontuações mais baixas (pontuações médias dos itens de 3.78 para o pai e de 3.99 para a mãe). Assim, constata-se que as mães tendem a percecionar mais positivamente a comunicação em todas as suas dimensões (exceto na dimensão Disponibilidade Parental para a Comunicação, onde os pais obtêm um resultado ligeiramente superior ao das mães) comparativamente aos pais do sexo masculino.

Quadro 8.
Estatísticas descritivas das subescalas da COMPA-P

Subescalas		*M*	*DP*
COMPA-P			
I. Expressão do Afeto e Apoio Emocional	Pai	4.25	0.48
	Mãe	4.42	0.38
II. Disponibilidade Parental para a Comunicação	Pai	4.06	0.50
	Mãe	4.03	0.48
III. Metacomunicação	Pai	4.18	0.48
	Mãe	4.28	0.46
IV. Confiança/Partilha Comunicacional de Progenitores para Filhos	Pai	3.78	0.58
	Mãe	3.89	0.47
V. Confiança/Partilha Comunicacional de Filhos para Progenitores	Pai	3.78	0.51
	Mãe	3.99	0.46

Nota. n Pai = 126-140; *n* Mãe = 639-652.

Interpretação e estatísticas descritivas da COMPA-A

As médias e os desvios-padrão das pontuações das cinco subescalas para os adolescentes encontram-se no Quadro 9. A análise destes dados foi realizada para pais e mães em separado. Deste modo, são apresentados os dados dos adolescentes em relação ao pai e em relação à mãe.

As pontuações mais elevadas na COMPA-A registadas pelos adolescentes do sexo masculino ocorreram na subescala Disponibilidade Parental para a Comunicação (as pontuações médias dos itens desta escala para o pai e para a mãe são, respetivamente, 3.98 e 4.12), enquanto as mais baixas se registaram na subescala Padrão Comunicacional Negativo (as pontuações médias dos itens desta escala para o pai e para a mãe são, respetivamente 3.90 e 3.06).

Por sua vez, as adolescentes obtiveram resultados semelhantes: a pontuação mais elevada foi registada na subescala Disponibilidade Parental para a Comunicação (as pontuações médias dos itens desta escala para o pai e para a mãe são, respetivamente, 3.96 e 4.22) e as mais baixas na subescala Padrão Comunicacional Negativo (as pontuações médias dos itens desta escala para o pai e para a mãe são, respetivamente, 3.85 e 3.92). Estes valores indicam que tanto os adolescentes do sexo masculino como os adolescentes do sexo feminino, percecionam maior interação comunicacional por parte da mãe, exceto na dimensão Padrão Comunicacional Negativo, onde os valores dos rapazes são mais elevados para os pais e os valores das adolescentes são ligeiramente superiores para as mães.

Quadro 9.
Estatísticas descritivas das subescalas da COMPA-A

Subescalas		M	DP	M	DP
COMPA-A					
		Masculino		Feminino	
I. Disponibilidade Parental para a Comunicação	Em relação ao Pai	3.98	0.69	3.96	0.74
	Em relação à Mãe	4.12	0.70	4.22	0.63
II. Confiança/Partilha Comunicacional de Filhos para Progenitores	Em relação ao Pai	3.25	0.72	2.93	0.80
	Em relação à Mãe	3.63	0.78	3.80	0.77
III. Expressão do Afeto e Apoio Emocional	Em relação ao Pai	3.80	0.89	3.73	0.93
	Em relação à Mãe	4.06	0.77	4.17	0.80
IV. Metacomunicação	Em relação ao Pai	3.63	0.68	3.58	0.66
	Em relação à Mãe	3.77	0.72	3.86	0.68
V. Padrão Comunicacional Negativo	Em relação ao Pai	3.90	0.62	3.85	0.64
	Em relação à Mãe	3.06	0.71	3.92	0.63

Nota. n Adolescentes sexo masculino = 117-120; n Adolescentes sexo feminino = 128-141.

Interpretação e estatísticas descritivas da COMPA-C

As médias e os desvios-padrão das pontuações das duas subescalas para as crianças em idade escolar encontram-se no Quadro 10. À semelhança do que foi feito na COMPA-A, esta análise foi realizada para os pais e mães em separado.

Verifica-se que as crianças do sexo masculino pontuam mais na subescala Disponibilidade Parental para a Comunicação (as pontuações médias dos itens desta escala para o pai e para a mãe são, respetivamente, 4.31 e 4.52) e, em segundo lugar, na subescala Expressão do Afeto e Apoio Emocional (as pontuações médias dos itens desta escala para o pai e para a mãe são, respetivamente, 3.84 e 4.17). O mesmo acontece com as pontuações das crianças do sexo feminino, ou seja, as meninas tendem a pontuar mais na subescala Disponibilidade Parental para a Comunicação (as pontuações médias dos itens desta escala para o pai e para a mãe são, respetivamente, 4.50 e 4.65) e, só depois, na subescala Expressão do Afeto e Apoio Emocional (as pontuações médias dos itens desta escala para o pai e para a mãe são, respetivamente, 3.91 e 4.29). À semelhança do que aconteceu na COMPA-A, estes valores indicam que as crianças de ambos os sexos percecionam maior interação comunicacional por parte da mãe do que do pai.

Quadro 10.
Estatísticas descritivas das subescalas da COMPA-C

Subescalas		M	DP	M	DP
COMPA-C					
		Masculino		Feminino	
I. Disponibilidade Parental para a	Em relação ao Pai	4.31	0.53	4.50	0.52
Comunicação	Em relação à Mãe	4.52	0.50	4.65	0.46
II. Expressão do Afeto e Apoio	Em relação ao Pai	3.84	0.72	3.91	0.63
Emocional	Em relação à Mãe	4.17	0.61	4.29	0.60

Nota. *n* Crianças sexo masculino = 130-137; *n* Crianças sexo feminino = 173-180.

4. Vantagens, limitações e estudos futuros

Sendo um instrumento pioneiro em Portugal, a utilização da escala COMPA apresenta-se vantajosa em diversos contextos. Sustentada numa base teórica sólida, esta escala apresenta boas qualidades psicométricas, permitindo avaliar a comunicação de forma multidimensional, de acordo com duas etapas distintas do ciclo vital da família (versão para crianças em idade escolar e versão para adolescentes) e recorrendo a diferentes perspetivas (pais e filhos). Por outro lado, ao avaliar a perceção de pais e de filhos sobre a comunicação que mantêm entre si, permite identificar a existência de eventuais discrepâncias que possam estar na base de mal-entendidos e, consequentemente, promover o desenvolvimento de padrões comunicacionais filio-parentais positivos que assegurem comportamentos adequados e uma boa saúde mental (Miller-Day & Kam, 2010). Além disto, trata-se de uma escala de auto-resposta que se debruça sobre temáticas quotidianas das relações parento-filiais tornando, assim, o seu preenchimento rápido e intuitivo. Deste modo, a COMPA pode ser aplicada em três contextos distintos: avaliação, intervenção e investigação. De forma mais específica, o instrumento permite: (a) efetuar a avaliação da comunicação na díade pai/mãe-filho/filha e entre ambos os pais, (b) avaliar a comunicação parento-filial em diferentes momentos (e.g., antes e depois de uma intervenção clínica ou em processos de cariz forense, por exemplo, em processos de regulação das responsabilidades parentais, onde a avaliação da comunicação parento-filial se revela uma dimensão central para compreender o exercício da parentalidade), (c) monitorizar as atitudes que possam melhorar a relação comunicacional entre pais e filhos, e (d) o desenvolvimento de estudos empíricos centrados na comunicação parento-filial. Assim, a COMPA pode ser útil para a elaboração de programas de educação parental, ou para o desenvolvimento de grupos psicoeducativos com diversas tipologias familiares.

Apesar destas vantagens, há que considerar algumas limitações, uma vez que se trata de um instrumento que procura medir as perceções dos indivíduos, sendo esta uma medida abstrata e variável em função do respondente. Além disto, a escala COMPA é um instrumento de avaliação recente, tendo poucos estudos de validação que confiram um caráter mais robusto aos resultados. Assim, seria importante promover alguns procedimentos de validação, nomeadamente, estabilidade temporal, validade discriminante e validade convergente (Pasquali, 2007). De acordo com Pasquali (2007) "a validade responde se algo é verdadeiro ou falso (...) diz respeito a um problema ontológico" (p. 105). Desta forma, seria útil aprofundar os testes de validade da COMPA no sentido de garantir o mais que possível que o instrumento mede realmente a comunicação entre progenitores e filhos. Para tal, avaliar este constructo em momentos distintos do tempo, assim como, analisar a sua correlação com outros instrumentos e com várias amostras distintas (e.g., famílias pós-divórcio, famílias adotivas, famílias com um elemento com psicopatologia ou doença crónica) permitiria garantir diferentes dimensões da validade.

Neste sentido, a investigação futura deve incluir: (a) a validação das três versões da escala em grupos específicos da população portuguesa, (b) a tradução e adaptação do instrumento para outros países, e (c) o desenvolvimento de uma versão da COMPA para crianças em idade pré-escolar.

5. Bibliografia

Barnes, L. H., & Olson, D. H. (1985). Parent-adolescent communication and the circumplex model. *Child Development, 56*, 438-447. doi:10.1111/1467-8624.ep7251647

Bateson, G., Jackson, D. D., Haley, J., & Weakland, J. (1956). Toward a theory of schizophrenia. *Behavioral Science, 1*, 251-264. doi:10.1002/bs.3830010402

Beavers, R., & Hampson, R. B. (2000). The Beavers Systems Model of Family Functioning. *Journal of Family Therapy, 22*(2), 128-143. doi:10.1111/1467-6427.00143

Bornstein, M. (Ed.) (2002). *Handbook of parenting. Volume 3: Being and becoming a parent.* New Jersey: Lawrence Erlbaum Associates.

Briggs, S. R., & Cheek, J. M. (1986). The role of factor analysis in the development and evaluation of personality scales. *Journal of Personality, 54*(1), 106-149. doi:10.1111/1467-6494.ep8970518

Cullin, J. (2006). Double bind: Much more than just a step toward a theory of schizophrenia'. *Australian & New Zealand Journal of Family Therapy, 27*(3), 135-142.

Cummings E. M., & Cummings, J. S. (2002). Parenting and Attachment. In M. Bornstein (Ed.), *Handbook of Parenting - Volume V. Practical Issues in Parenting* (2nd ed, pp. 35-58). London: Lawrence Erlbaum Associates.

Floyd, K., & Morman, M. T. (2003). Human affection exchange: II. Affectionate communication in father-son relationships. *Journal of Social Psychology, 143*(5), 599-612.

Herbert, M. (2004). Parenting across the lifespan. In M. Hoghughi, & N. Long, (Eds.), *Handbook of parenting. Theory and research for practice.* London: Sage s.

Hill, M. M., & Hill, A. (2009). *Investigação por questionário.* (2ª ed.). Lisboa: Sílabo.

Jiménez, A. P., & Delgado, A. O. (2002). Comunicación y conflicto familiar durante la adolescencia. *Anales de Psicología, 18*(2), 215-231.

Lacerda de Almeida, M. I. (2005). *A percepção das práticas parentais pelos adolescentes: Implicações na percepção de controlo e nas estratégias de coping.* Tese de Mestrado em Psicologia, apresentada à Faculdade de Psicologia e de Ciências da Educação da Universidade de Lisboa.

Milena, Z., Dainora, G., & Alin, S. (2008). Qualitative research methods: A comparison between focus-groups and in-depth interview. *Annals of the University of Oradea, Economic Science Series, 17*(4), 1279-1283.

Miles, M. B., & Huberman, A. M. (1994). *Qualitative data analysis: An expanded sourcebook.* (2nd ed.). Thousand Oaks: Sage.

Miller, I. W., Ryan, C. E., Keitner, G. I., Bishop, D. S., & Epstein, N. B. (2000). The McMaster approach to families: Theory, assessment, treatment and research. *Journal of Family Therapy, 22*(2), 168-189. doi:10.1111/1467-6427.00145

Miller-Day, M., & Kam, J. A. (2010). More than just openness: Developing and validating a measure of targeted parent-child communication about alcohol. *Health Communication, 25,* 293-302.

Nunnally, J. (1978). *Psychometric theory.* New York: McGraw-Hill.

Olson, D. H. (2000). Circumplex model of marital and family systems. *Journal of Family Therapy, 22*(2), 144-167.

Pasquali, L. (2007). Validade dos testes psicológicos: Será possível reencontrar o caminho? *Psicologia: Teoria e Pesquisa, 23,* 99-107.

Portugal, A., & Alberto, I. (2013). A comunicação parento-filial: Estudo das dimensões comunicacionais realçadas por progenitores e por filhos. *Psicologia: Reflexão e Crítica, 26*(3), 319-326.

Schermelleh-Engel, K., Moosbrugger, H., & Müller, H. (2003). Evaluating the fit of structural equation models: Tests of significance and descriptive goodness-of-fit measures. *Methods of Psychological Research, 8*(2), 23-74.

Segrin, C., & Flora, J. (2005). *Family communication.* London: Lawrence Erlbaum Associates.

Silva, M. (2012). *A resiliência nos adolescentes e a percepção dos estilos educativos parentais.* Dissertação de Mestrado não publicada em Psicologia Clínica ao Instituto Superior Miguel Torga, Coimbra.

Skinner, H., Steinhauer, P., & Sitarenios, G. (2000). Family assessment measure (FAM) and process model of family functioning. *Journal of Family Therapy, 22*(2), 190-210.

Tomé, G., Gaspar de Matos, M., Camacho, I., Simões, C., & Diniz, J. A. (2012). Portuguese adolescents: The importance of parents and peer groups in positive health. *Spanish Journal of Psychology. 15(3),* 1315-1324. http://dx.doi.org/10.5209/rev_SJOP.2012.v15.n3.39417

Tribuna, F. (2000). *Famílias de Acolhimento e Vinculação na Adolescência.* Dissertação de Mestrado não publicada em Psicologia Clínica ao Instituto Superior Miguel Torga, Coimbra.

Wagnild, G. M., & Young, H. M. (1993). Development and psychometric evaluation os the resilience scale. *Journal of Nursing Measurement, 1*(2), 165-178.

Watzlawick, P., Beavin, J. B., & Jackson, D. (1993). *Pragmática da comunicação humana. Um estudo dos padrões, patologias e paradoxos da interação* (9ª ed.). São Paulo: Cultrix.

Wilkinson, I. (2000). The Darlington Family Assessment System: Clinical guidelines for practitioners. *Journal of Family Therapy, 22*(2), 211-224.

Zwick, R. (1988). Another look at interrater agreement. *Psychological Bulletin, 103*(3), 374-378.

DIFERENCIAÇÃO E CONGRUÊNCIA

INVENTÁRIO DE DIFERENCIAÇÃO DO *SELF*-REVISTO (IDS-R)

Sofia Major
Martiño Rodríguez-González
Cátia Miranda
Míriam Rousselot
Ana Paula Relvas

"The human is the first form of life that has been able to observe the feeling process with his intellect (...). The name of that is differentiation of self."

(Kerr & Bowen, 1988, p. 385)

Resumo

A diferenciação do *self* representa um conceito chave da teoria de Bowen, com um caráter multidimensional (dimensão intrapessoal e interpessoal). O Inventário de Diferenciação do *Self* – Revisto (IDS-R) é a versão portuguesa do *Differentiation of Self Inventory – Revised* (DSI-R; Skowron & Schmitt, 2003), composto por 46 itens repartidos por quatro subescalas: Reatividade Emocional, Posição do Eu, *Cut-off* Emocional e Fusão com os Outros. No âmbito da adaptação e validação para a população portuguesa do DSI-R foram efetuados diversos estudos de evidência de precisão (e.g., consistência interna) e de validade (e.g., análise fatorial exploratória) com uma amostra de 470 sujeitos. Foi ainda realizado um estudo comparativo com a estrutura fatorial obtida na versão espanhola

DOI: http://dx.doi.org/10.14195/978-989-26-0839-6_3

do DSI-R. Os resultados alcançados (e.g., α = .86 para o resultado total do IDS-R), apesar de não replicarem a estrutura fatorial original do DSI--R permitem considerar a versão portuguesa como uma ferramenta de avaliação útil tanto na prática clínica como em contexto de investigação.

Palavras-chave: Diferenciação do *self*, Bowen, população portuguesa, *Differentiation of Self Inventory – Revised.*

Abstract

The differentiation of *self* represents a key-concept in Bowen's theory, with a multidimensional nature (intrapersonal and interpersonal dimension). *The Inventário de Diferenciação do Self – Revisto* (IDS-R) is the Portuguese version of the Differentiation of Self Inventory – Revised (DSI-R; Skowron & Schmitt, 2003), composed by 46 items distributed by four subscales: Emotional Reactivity, I Position, Emotional Cut-off and Fusion with Others. During the adaptation and validation of the DSI-R for the Portuguese population several reliability (e.g., internal consistency) and validity studies (e.g., exploratory factor analysis) were done with a sample of 470 subjects. A comparative study with the Spanish factor structure of the DSI-R was presented. The results obtained (e.g., α = .86 for the total score of the IDS-R), despite not replicating the original factor structure of the DSI-R allow to consider the Portuguese version as a useful assessment tool for clinical practice as well as for research.

Keywords: Differentiation of *self*, Bowen, Portuguese population, *Differentiation of Self Inventory-Revised.*

Instrumento

O que é, o que avalia e a quem se aplica?

No Quadro 1 encontra-se a ficha técnica relativa ao *Differentiation of Self Inventory – Revised* (DSI-R; Skowron & Schmitt, 2003).[1]

Quadro 1.
Ficha técnica do DSI-R

O que é?	O Inventário de Diferenciação do *Self* – Revisto é a versão portuguesa do *Differentiation of Self Inventory – Revised* (DSI-R) publicado em 2003 por E. A. Skowron e T. A. Schmitt, nos Estados Unidos da América (EUA)		
O que avalia?	O DSI-R consiste num inventário de auto-resposta com 46 itens que avaliam a diferenciação do *self* em adultos, através das suas relações significativas e relações atuais com a família de origem. Os 46 itens encontram-se repartidos por quatro subescalas: Reatividade Emocional, Posição do "Eu", *Cut-Off*[1] Emocional e Fusão com os Outros (versão original)		
	Estrutura do DSI-R (versão original)		
	Subescala	Número Itens	Descrição
	Reatividade Emocional (RE)	11	Mede a tendência das pessoas para responder aos estímulos ambientais com base em respostas emocionais automáticas
	Posição do "Eu" (PE)	11	Avalia a medida em que os indivíduos têm claramente definido o sentido do *self*, tendo as suas próprias convicções, elaboradas com base na ponderação
	Cut-Off Emocional (CE)	12	Mede o limite ou distanciamento emocional e comportamental em relação ao(s) outro(s), assim como os medos de intimidade ou sufoco nas relações
	Fusão com os Outros (FO)	12	Medida do sobre-envolvimento com o(s) outro(s), nomeadamente, a dependência elevada face ao(s) outro(s) para confirmar as suas crenças, convicções e decisões e a tendência para alguma dificuldade em definir crenças e convicções como verdadeiramente suas

---

[1] O termo *cut-off* é um conceito central na teoria de Bowen, pelo que manteremos a expressão na sua língua original (inglês).

A quem se aplica?	O DSI-R foi inicialmente desenvolvido para ser utilizado com adultos com mais de 25 anos (idade estabelecida por representar a fase de autonomização do jovem adulto). No entanto, Knauth e Skowron (2004) realizaram um estudo que validou o DSI-R para a população adolescente com idades entre os 14 e os 19 anos ($N = 363$)
Como ter acesso?	O acesso à versão portuguesa do DSI-R pode ser efetuado através da página http://www.fpce.uc.pt/avaliaçaofamiliar que contém todos os instrumentos de avaliação apresentados neste livro. Os utilizadores deverão facultar os contactos pessoais e institucionais, bem como dados acerca do propósito da utilização do instrumento (e.g., investigação, prática clínica) e concordar com as condições de utilização e de partilha dos resultados com os autores da versão portuguesa

Fundamentação e história

Diversos autores têm apontado a teoria familiar sistémica de Murray Bowen como a mais compreensiva do funcionamento humano sob uma perspetiva sistémica (Charles, 2001; Jenkins, Buboltz, Schwartz, & Johnson, 2005; Miller, Anderson, & Keala, 2004; Nichols & Schwartz, 2006; Rodríguez-González, 2009; Skowron & Friedlander, 1998; Skowron, Van Epps, Cipriano-Essel, & Woehrle, in press). A sua teoria proporciona uma visão compreensiva dos comportamentos humanos, na medida em que o seu foco abarca desde os indivíduos até à rede alargada de relações familiares, procurando compreender a forma como o nosso funcionamento individual e o modo como nos relacionamos com as nossas famílias se interligam (Nichols & Schwartz, 2006). Neste sentido, a teoria de Bowen insere-se nos modelos intergeracionais/transgeracionais, segundo os quais as famílias e as suas dificuldades são vistas à luz das "dinâmicas psicológicas transmitidas de geração em geração" (Hanna & Brown, 1998, citados por Rodríguez-González, 2009, p. 12).

Ao longo do seu desenvolvimento, a teoria de Bowen centrou-se em duas forças vitais que, numa situação ideal, estarão em equilíbrio: a união e a individualidade. Um desequilíbrio destas forças pode traduzir-se em "fusão" ou "indiferenciação". No entanto, se o equilíbrio entre a união e a individualidade existir, haverá uma capacidade de funcionamento autónomo, associada a uma aproximação adequada aos outros, ou seja, haverá diferenciação (Bowen, 1978; Nichols & Schwartz, 2006). Por outro lado, a teoria dos sistemas familiares de Bowen (1978) assenta em oito conceitos centrais, todos eles interligados entre si: triangulação, diferenciação do *self,* sistema emocional da família nuclear, processo de projeção familiar, processo de transmissão multigeracional, *cut-off* emocional, posição na fratria e processo emocional de uma sociedade (Bowen, 1978; Kerr, 2003). Porém, apesar destes oito conceitos serem fundamentais, visto que se encontram inter-relacionados, a diferenciação do *self* pode ser considerada a base central da teoria de Bowen, na medida em que os outros são, em grande medida, seus subsidiários (Kerr, 2003; Kerr & Bowen, 1988; Nichols & Schwartz, 2006).

Para compreender a diferenciação do *self* à luz da teoria de Bowen, é importante distinguir os dois níveis de diferenciação do *self* apresentados por este autor: o nível básico (*self* sólido) e o nível funcional (pseudo--*self*) (Bowen, 1978). Enquanto o nível básico de diferenciação do *self* é estável, não sendo afetado por circunstâncias externas, o nível funcional do *self* sofre variações ao longo do tempo, derivadas das circunstâncias externas (Bowen, 1978; Kerr & Bowen, 1988). Mais concretamente, o *self* sólido é uma característica definitiva, não negociável no sistema relacional, sendo composto por crenças e princípios claramente definidos e consistentes entre si, mesmo perante situações stressantes. Caracteriza-se por ser maioritariamente determinado pelo nível de diferenciação do *self* dos pais, é ligeiramente modificado consoante as experiências na infância/ adolescência e tende a ser estabelecido, sensivelmente, no momento em que o jovem adulto se separa da sua família de origem (Bowen, 1978). Por sua vez, o pseudo-*self* é um *self* fluido e instável, uma vez que é adquirido e negociado no seio das relações, como resposta a uma série de pressões sociais e estímulos. O facto de ser influenciado por numerosos fatores pode resultar numa vasta flutuação do nível funcional do *self,* consoante o contexto. Neste sentido, Bowen (1978) compara-o a um "*self* fingido", criado pela pressão emocional e passível de ser modificado por essa mesma pressão.

Assim, no DSI-R a diferenciação do *self* é entendida como um conceito multidimensional, que envolve a dimensão intrapessoal (balanceamento entre o intelectual e o emocional) e a dimensão interpessoal (equilíbrio entre intimidade e autonomia) (Licht & Chabot, 2006; Skowron & Friedlander, 1998; Skowron et al., in press). Como tal, a diferenciação do *self*, ao nível intrapsíquico ou intrapessoal consiste na capacidade de auto-regular emoções e comportamentos, de se acalmar perante um estado de ansiedade, pensar de forma clara perante emoções fortes e ser capaz de preservar um sólido sentido do *self* nas relações significativas (Rodríguez-González, 2009; Skowron & Friedlander, 1998; Skowron et al., in press). Por sua vez, a dimensão interpessoal do *self* implica a harmonia entre a intimidade e a autonomia nas relações com outros significativos (Rodríguez-González, 2009).

Passando para a operacionalização da teoria de Bowen (1978), apesar deste referir que a eficiência da terapia familiar sistémica deveria ser sustentada em observações clínicas e relatos pessoais dos clientes (Charles, 2001; Nichols & Schwartz, 2006), a necessidade de validação da sua teoria, por parte de investigadores e clínicos, levou à realização de diversos estudos empíricos (Miller et al., 2004), nomeadamente de validação do seu constructo nuclear, a diferenciação do *self* (Bowen, 1978; Kerr & Bowen, 1988; Skowron et al., in press). Neste sentido, Bowen (1978) desenvolveu a Escala de Diferenciação do *Self*, cotada de 0 a 100 (*Nada diferenciado* a *Totalmente diferenciado*), representando um mero referencial teórico pois Bowen nunca a operacionalizou enquanto instrumento de avaliação do *self* (Major, Miranda, Rodríguez-González, & Relvas, in press).

Após este ponto de partida, vários têm sido os questionários/inventários desenvolvidos com vista à avaliação da diferenciação do *self*. Assim, segundo Licht e Chabot (2006), os instrumentos disponíveis para a avaliação da diferenciação do *self* dividir-se-iam em duas categorias. A primeira categoria agruparia os instrumentos que assumem a diferenciação como uma variável do sistema, e têm como objetivo medir o nível de diferenciação na família, como são exemplos a *Personal Authority in the Family System Scale* (PAFS; Bray, Williamson & Malone, 1984) e as *Differentiation in the Family Systems Scales* (DIFS; Anderson & Sabatelli, 1992 citados por Licht & Chabot, 2006; Skowron & Friedlander, 1998). Já a segunda categoria englobaria os instrumentos que consideram a diferenciação do *self* como uma variável individual, incluindo a *Chabot Emotional Differentiation Scale* (CED; Chabot, 1993 citado por Licht & Chabot, 2006) e o *Differentiation of Self Inventory* (DSI; Skowron & Friedlander, 1998) com a sua versão revista *Differentiation of Self Inventory – Revised* (DSI--R; Skowron & Schmitt, 2003).

Neste contexto, o DSI-R (Skowron & Schmitt, 2003) demarca-se positivamente, por ser mais utilizado face a outros instrumentos de avaliação ao nível da investigação, pelas suas propriedades psicométricas ajustadas e por ser, até ao momento, o instrumento mais fiel à abordagem original de Bowen, com um número de itens substancialmente reduzido (46 itens) (Rodríguez-González, 2009). Por outro lado, o DSI-R é, atualmente, o questionário mais referido nas publicações relacionadas com a teoria de Bowen, sendo o único reconhecido como coerente com esta teoria pelos membros do *Georgetown Family Center*, Washington, D. C. (Rodríguez--González, Relvas, Major, Miranda, & Rousselot, 2011).

Historicamente, a primeira versão do *Differentiation of Self Inventory* (DSI; Skowron & Friedlander, 1998) foi desenvolvida nos EUA com o objetivo de operacionalizar as dimensões intra e interpessoais do conceito de diferenciação do *self*, segundo os postulados da teoria de Bowen. Neste sentido, Skowron e Friedlander (1998) levaram a cabo três estudos, com uma amostra total de 609 sujeitos adultos, a fim de desenvolver e validar o DSI. No primeiro estudo (N = 313), os 96 itens representativos da diferenciação do *self* foram reduzidos a 78 itens com base nos primeiros estudos de análise de itens e de análise fatorial (Skowron & Friedlander, 1998). Seguidamente, Skowron e Friedlander (1998) elaboraram um segundo estudo com o objetivo de rever e analisar o conteúdo dos itens do DSI por especialistas na teoria de Bowen (N = 169). Com base nas fracas correlações item-escala total, permaneceram apenas 43 itens distribuídos pelas quatro subescalas: Reatividade Emocional, Posição do Eu, *Cut-Off* Emocional e Fusão com os Outros (Skowron & Friedlander, 1998). Finalmente, o terceiro estudo (N = 127) procurou confirmar a estrutura fatorial do DSI e testar as relações teoricamente existentes entre diferenciação do *self*, sintomas psicológicos e satisfação conjugal (Skowron & Friedlander, 1998). No que respeita à consistência interna, os valores dos coeficientes de alfa de Cronbach para o DSI e para as respetivas subescalas apresentavam valores superiores a .80, com exceção da subescala Fusão com os Outros, cujos valores obtidos oscilavam entre .57 e .74 (Skowron, 2000; Skowron & Friedlander, 1998).

Atendendo a estes últimos resultados, em 2003, Skowron e Schmitt levaram a cabo uma revisão do DSI, com o objetivo de incrementar as suas propriedades psicométricas. Neste estudo, Skowron e Schmitt (2003) recorreram a uma amostra de 225 adultos, os quais preencheram uma versão revista do DSI, com ligeiras alterações na subescala Fusão com os Outros, bem como subescalas de outros instrumentos de avaliação destinadas a avaliar a fusão (e.g., subescala *Intergenerational Fusion/ Individuation* da PAFS de Bray et al., 1984). Skowron e Schmitt (2003) mantiveram cinco dos nove itens iniciais desta subescala, aos quais foram adicionados outros 17 novos itens, resultantes de um trabalho com peritos na teoria de Bowen. Após a recolha da amostra, dadas as fracas qualidades psicométricas de alguns itens, a subescala de Fusão com os Outros ficou reduzida a 12 itens. Chegou-se assim à versão revista do DSI (*Differentiation of Self Inventory – Revised*) composta por 46 itens repartidos por quatro subescalas, todas elas com índices de consistência interna (alfa de Cronbach) elevados: Reatividade Emocional (.89), Posição do Eu (.81), *Cut-Off* Emocional (.84), e Fusão com os Outros (.86). O valor do coeficiente do alfa de Cronbach é igualmente elevado no que diz respeito à escala total do DSI-R (.92) (Skowron & Schmitt, 2003).

Desde a publicação do DSI (Skowron & Friedlander, 1998) e sua revisão (DSI-R; Skowron & Schmitt, 2003), para além da recente versão portu-guesa, vão surgindo alguns estudos de adaptação/validação do DSI/DSI-R para outras culturas. Neste sentido, Tuason e Friedlander (2000) aferiram o DSI para a população Filipina ($N = 306$) e compararam os resultados obtidos com os da versão norte-americana. Os resultados apontaram para a inexistência de diferenças significativas entre os dois resultados globais de diferenciação do *self*, o que corrobora a hipótese da universalidade do constructo. No entanto, encontram-se algumas diferenças no que diz respeito às subescalas de Reatividade Emocional (valor inferior ao ob-tido na versão norte americana), *Cut-Off* Emocional e Posição do "Eu" (pontuação superior relativamente à versão norte americana) (Tuason & Friedlander, 2000).

Desde 2002 têm também sido desenvolvidos estudos com o DSI para a população Israelita (Peleg 2002, citado por Peleg, 2008). Os itens da adaptação do inventário para Israel apresentaram boas qualidades psicométricas, como por exemplo, uma consistência interna para a escala total de .88 (Peleg, 2002, citado por Peleg, 2008). A autora afirma que os resultados das atuais investigações têm vindo a reforçar a validade da escala de diferenciação como um instrumento útil para medir os níveis de diferenciação de pessoas provenientes de diversos países (Peleg, 2008).

Na vizinha Espanha, Rodríguez-González (2009) conduziu uma investigação sobre a relação entre a diferenciação do *self*, satisfação conjugal e funcionamento familiar, representando o primeiro estudo de adaptação do DSI-R para a população espanhola. A investigação envolveu um total de 118 casais (N = 236) selecionados aleatoriamente. No que diz respeito às propriedades psicométricas, obteve-se um valor bastante adequado para o alfa de Cronbach da escala total (.86). Os estudos de análise fatorial não confirmaram a estrutura de quatro fatores proposta por Skowron e Schmitt (2003), apontando para a necessidade de prosseguir com estudos de validação e adaptação do DSI-R, que se encontram em curso com uma amostra de maiores dimensões (N = 1.254) (Rodríguez--González et al., 2011).

Também na adaptação para a população Chinesa (N = 401), os itens do DSI-R apresentaram boas propriedades psicométricas (Lam & Chan-So, 2010). No entanto, os estudos de análises fatoriais sugeriram a existência de cinco dimensões estáveis específicas para a cultura Chinesa. Com base nestes resultados, Lam e Chan-So (2010) optaram por dividir a subescala de Fusão com os Outros em duas subescalas, uma que mantém o mesmo nome da versão original e outra denominada de "Fusão com a Família", respondendo assim às especificidades culturais relativas ao valor da família.

No que diz respeito à adaptação do DSI para a população Russa (Glebova, Bartle-Haring, & Strength, 2011), os resultados relativos à validade de constructo apontam para a utilidade do DSI noutras culturas, com foco especial para as subescalas de Reatividade Emocional e *Cut-Off* Emocional, atendendo ao facto da subescala de Posição do Eu ter apresentado um funcionamento mais problemático.

O DSI-R tem também servido de base para o desenvolvimento de instrumentos de avaliação da diferenciação do *self* no Japão e no México.

2. Estudos em Portugal
Como foi desenvolvido/adaptado e validado?

Estudos de tradução e adaptação

Entre outubro de 2010 e junho de 2011 foi efetuado o primeiro estudo de adaptação e validação para a população portuguesa do DSI-R, no âmbito de duas teses de mestrado integrado em Psicologia Clínica e da Saúde, subárea de Sistémica, Saúde e Família da Faculdade de Psicologia e de Ciências da Educação da Universidade de Coimbra.

Com o objetivo de disponibilizar para a população portuguesa um inventário de auto-resposta que permitisse a avaliação da diferenciação do *self*, após um rigoroso processo de tradução dos itens, foram realizados diversos estudos de análises de itens, precisão e validade no sentido de estudar as propriedades psicométricas da versão portuguesa. O impacto de variáveis sociodemográficas e familiares foi igualmente estudado, bem como efetuada uma comparação entre a estrutura fatorial portuguesa e espanhola.

A amostra utilizada neste estudo foi recolhida através de um processo de amostragem por conveniência e compreende um total de 470 sujeitos, dos quais 53.0% são mulheres ($n = 249$) e 47.0% são homens ($n = 221$) (valores muito próximos dos valores de referência em Portugal de 51.8% e 48.2% para mulheres e homens, respetivamente, INE, 2002), com idades compreendidas entre os 18 e os 80 anos ($M = 34.83$, $DP = 13.52$). Com vista a facilitar as análises, foram criadas faixas etárias, partindo das tipologias propostas pelo INE, sendo que a faixa etária mais prevalente na amostra é a dos 18-24 anos (31.1%), seguida dos 25-34 anos (25.5%). Quanto ao estado civil, os sujeitos são maioritariamente solteiros (48.5%) ou casados/ em união de facto (48.7%), sendo que apenas 13 (2.8%) são divorciados/

separados ou viúvos (assim agrupados dada a ocorrência de uma situação de rutura e à sua reduzida representatividade na amostra). A maioria dos sujeitos apresenta um elevado nível de escolaridade, uma vez que 42.3% completou o Ensino Superior e 34.7% concluiu o Ensino Secundário. Para a definição do nível socioeconómico (NSE), recorremos à categorização proposta por Simões (2000), a qual integra os níveis baixo, médio e elevado, tendo em conta as habilitações literárias e profissão dos sujeitos. Dos 336 sujeitos para os quais foi possível obter informação acerca do NSE, verificamos que a grande maioria (68.8%) provém de um NSE médio. Quanto à região geográfica de residência, 264 sujeitos (56.2%) residem no Norte, 161 (34.3%) no Centro e 45 (9.6%) em Lisboa (Miranda, 2011).

No que diz respeito às formas de família, recorremos à classificação apresentada por Relvas e Alarcão (2002), verificando-se que cerca de dois terços dos sujeitos (67.2%) se inserem numa família nuclear, composta por pais e filhos. De acordo com a perspetiva do ciclo vital da família proposta por Relvas (1996), a maioria dos sujeitos (62.8%, n = 295) encontra-se na etapa da família com filhos adultos. Em termos de parentalidade, 45.5% dos sujeitos da amostra têm filhos e 54.5% não têm. Importa acrescentar que a maioria dos sujeitos (71.9%) se encontra envolvida numa relação amorosa (e.g., casamento, união de facto ou namoro) (Miranda, 2011).

A tradução e adaptação do DSI-R passaram por várias fases que a seguir se apresentam (Major et al., in press; Miranda, 2011; Rousselot, 2011):

a) Pedido formal de autorização junto de uma das autoras da versão original do DSI-R (E. A. Skowron) para se proceder à tradução e adaptação da versão portuguesa.

b) Tradução independente da versão original norte-americana do DSI-R por cada uma das duas alunas do mestrado integrado em Psicologia. Posteriormente, as traduções individuais foram discutidas em conjunto com os restantes colaboradores da equipa e com o autor da versão espanhola (Martiño Rodríguez-González), para se alcançar uma versão única da tradução, denominada de Inventário de Diferenciação do *Self* – Revisto (IDS-R; Tradução portuguesa: Relvas, Major, Rodríguez-González, Miranda, & Rousselot, 2010).

c) Estudo piloto com 30 sujeitos, com a finalidade de perceber se a tradução obtida era compreensível para os respondentes e/ou da necessidade de ajustamentos.

d) Duas retroversões, de forma a averiguar se a tradução para português não teria alterado significativamente o sentido/significado das instruções e itens da versão original. Os dois tradutores eram bilingues (professores de inglês) e nunca tiveram contacto prévio com o DSI-R ou IDS-R. Seguiu-se o envio da retroversão unificada a uma das autoras do DSI-R (E. A. Skowron) para apreciação da tradução.

Em comparação com a versão norte-americana, na versão portuguesa foi necessário proceder a uma reformulação do conteúdo do item 31, cuja formulação em português se torna mais compreensiva ao alterar a ordem de apresentação dos dois elementos da frase. Outra diferença relaciona-se com a idade a partir da qual é possível responder ao inventário. Segundo Bowen (1978), o nível de diferenciação do *self* tende a estabelecer-se na altura em que o jovem adulto se separa da sua família de origem, daí Skowron e Friedlander (1998) terem definido os 25 anos como a idade mínima requerida para o preenchimento da escala. Porém, após discussão deste tópico com uma das autoras (E. A. Skowron) a idade mínima definida para a versão portuguesa corresponde aos 18 anos, pelo facto de representar o momento em que os jovens partem para a universidade ou para a procura de um primeiro emprego (Major et al., in press). Um outro aspeto que permite justificar esta opção remete para as conclusões do estudo do DSI-R com adolescentes (14-19 anos) (Knauth & Skowron, 2004), que suportam a sua utilização com esta população. Acresce que ao assumir os 18 anos como a idade mínima de aplicação, deixa de haver uma faixa etária (20-24 anos) em que não se pode avaliar a diferenciação do *self*, em virtude do estudo com adolescentes se aplicar dos 14-19 anos e a versão original a partir dos 25 anos.

O DSI-R também está a ser utilizado no âmbito do Projeto Intimidades (Faculdade de Psicologia da Universidade de Lisboa) no sentido de, através de metodologias qualitativas e quantitativas, analisar a relação entre desejo sexual, intimidade e diferenciação conjugal, considerando esta última variável como possível mediadora entre intimidade e desejo (Ferreira, Narciso, & Novo, 2012).

Estudos descritivos

No Quadro 2 podemos encontrar as estatísticas descritivas para os 46 itens do IDS-R, nomeadamente média, desvio-padrão, moda, mínimo e máximo, assimetria e curtose. Neste mesmo quadro são ainda apresentados os primeiros estudos de consistência interna dos itens do IDS-R, com os valores das correlações item-total corrigida e o valor do coeficiente alfa de Cronbach caso o item fosse eliminado.

Quadro 2.
Estatísticas descritivas dos itens do IDS-R e consistência interna

Item	M	DP	Moda	Mín-Máx	Assimetria	Curtose	Correlação Item-Total Corrigida	Alfa com Item Eliminado
1	3.87	1.36	4	1-6	-.0.21	- 0.68	.29	.86
2	4.11	1.54	5	1-6	- 0.38	-1.03	.31	.86
3	4.92	1.33	6	1-6	-1.20	0.62	.39	.85
4	3.87	1.41	5	1-6	- 0.24	- 0.90	*.14*	.86
5	4.50	1.39	5	1-6	- 0.85	- 0.17	.52	.85
6	3.17	1.53	2	1-6	0.23	-1.00	.24	.86
7	4.90	1.25	6	1-6	-1.31	1.36	*.10*	.86
8	4.63	1.29	5	1-6	- 0.77	- 0.21	.27	.86
9	2.39	1.26	2	1-6	0.86	0.16	*.17*	.86
10	3.84	1.57	4	1-6	- 0.30	- 0.93	.46	.85
11	4.41	1.49	5	1-6	- 0.77	- 0.47	*.13*	.86
12	4.84	1.39	6	1-6	-1.14	0.40	.35	.86
13	3.87	1.51	5	1-6	- 0.31	- 0.93	.48	.85
14	3.56	1.43	4	1-6	- 0.08	- 0.87	.57	.85
15	3.64	1.37	3	1-6	- 0.05	- 0.72	*.11*	.86
16	4.55	1.36	5	1-6	- 0.84	- 0.08	.32	.86
17	4.36	1.41	5	1-6	- 0.66	- 0.52	.49	.85
18	3.47	1.48	5	1-6	- 0.08	-1.03	.55	.85
19	3.97	1.52	5	1-6	- 0.29	-1.01	*-.02*	.86
20	4.41	1.53	6	1-6	- 0.73	- 0.55	.37	.86
21	3.68	1.49	4	1-6	- 0.19	- 0.96	.57	.85
22	2.59	1.35	2	1-6	0.76	- 0.20	.21	.86
23	4.70	1.19	5	1-6	- 0.90	0.23	.38	.86
24	4.42	1.44	6	1-6	- 0.71	- 0.43	.35	.86
25	4.32	1.42	5	1-6	- 0.55	- 0.64	.38	.85
26	3.30	1.50	2	1-6	0.13	- 1.00	.43	.85

27	4.13	1.44	5	1-6	- 0.44	- 0.77	.21	.86
28	4.61	1.46	6	1-6	- 0.89	- 0.25	.34	.86
29	3.05	1.55	2	1-6	0.39	- 0.95	.40	.85
30	3.35	1.42	3	1-6	0.17	- 0.89	.49	.85
31	2.26	1.16	2	1-6	0.83	0.23	*-.19*	.86
32	4.43	1.43	5	1-6	- 0.72	- 0.46	*.14*	.86
33	4.41	1.36	5	1-6	- 0.68	- 0.49	.52	.85
34	3.00	1.49	2	1-6	0.25	-1.04	.54	.85
35	4.42	1.37	5	1-6	- 0.66	- 0.41	.55	.85
36	5.19	1.19	6	1-6	-1.75	2.66	.33	.86
37	3.32	1.40	3	1-6	0.18	- 0.79	*.07*	.86
38	3.64	1.38	3	1-6	- 0.05	- 0.84	.40	.85
39	4.47	1.39	5	1-6	- 0.82	- 0.11	.36	.86
40	3.80	1.39	4	1-6	- 0.22	- 0.76	.33	.86
41	4.49	1.26	5	1-6	- 0.79	- 0.08	*.18*	.86
42	4.66	1.46	6	1-6	- 0.98	0.01	.36	.86
43	3.37	1.46	3	1-6	0.05	- 0.91	.23	.86
44	3.23	1.57	2	1-6	0.30	-1.00	.33	.86
45	3.20	1.51	2	1-6	0.21	- 1.00	*.20*	.86
46	1.57	0.90	1	1-6	2.01	4.70	*.10*	.86

Nota. Os valores assinalados a itálico correspondem a itens com um valor abaixo do desejável (.20).

De acordo com o Quadro 2 encontramos no item 36 a média mais elevada (*M* = 5.19; *DP* = 1.19). Por sua vez, o item 46 apresenta a média mais baixa (*M* =1.57; *DP* = 0.90). Quanto à moda, os valores oscilam entre 1 e 6, sendo 5 o valor mais predominante. De referir que todos os itens pontuam segundo toda a amplitude da escala de cotação do IDS-R (1-6). Relativamente à assimetria, constatamos que a maioria dos itens apresenta um valor negativo, sendo os itens 3, 7, 12, 36 e 46 aqueles que denotam um maior afastamento do zero. Quanto à curtose, o maior afastamento encontra-se nos seguintes itens: 2, 6, 7, 18, 19, 34, 36, 44 e 46 (Miranda, 2011; Rousselot, 2011).

Estudos de precisão

Nos estudos de consistência interna foi calculado o valor do coeficiente alfa de Cronbach para a escala total e respetivas subescalas. O valor obtido para a escala total é de .86, o que se traduz num valor bom para efeitos de investigação, segundo a classificação proposta por Pestana e

Gageiro (2003) e idêntico ao valor obtido para o Fator 1 (α = .86). Os restantes três fatores apresentam valores ligeiramente mais fracos, de .51, .68 e .79, para os Fatores 3, 4 e 2, respetivamente (cf. Quadros 3 a 6). Com o objetivo de perceber se a eliminação de qualquer um dos itens do IDS-R viria a traduzir-se num aumento da consistência interna da escala, foram analisadas as correlações item-total corrigidas e os valores do coeficiente de alfa caso o item fosse eliminado. Porém, verificou-se que a exclusão de qualquer um dos itens do IDS-R não altera de forma considerável o alfa total da escala (cf. Quadro 2), ainda que existam 12 itens com valores de correlação item-escala total abaixo do valor mínimo desejável de .20 (Kline, 1993).

Estudos de validade interna: Análise fatorial exploratória

Com o objetivo de determinar a estrutura fatorial do IDS-R, os 46 itens foram sujeitos a uma análise exploratória de componentes. Numa primeira fase, procedeu-se à verificação dos pressupostos necessários tais como a normalidade da distribuição (*K-S* = .031; *p* = .200) e a dimensão da amostra, em que Nunnally (1978) aponta como rácio recomendável 10 sujeitos para cada item da escala, com os 470 sujeitos para os 46 itens do IDS-R a responderem a esta abordagem mais exigente quanto ao rácio variável/sujeito. Por sua vez, o resultado obtido no teste de Kaiser-Meyer--Olkin (.826) revelou uma boa adequação da amostra para uma análise em componentes principais, segundo a classificação apresentada por Pestana e Gageiro (2003), e o resultado no teste de esfericidade de Bartlett é significativo, $\chi^2(1035)$ = 6015.271, *p* < .001, assegurando que as variáveis são correlacionáveis (Major et al., in press; Miranda, 2011; Rousselot, 2011).

Posteriormente, procedeu-se a uma extração de componentes identificando--se 13 fatores que explicam 57.93% da variância total. Estes 13 fatores correspondem ao critério de Kaiser, com a retenção de fatores cuja variância explicada seja superior a 1 (Pestana & Gageiro, 2003). Todavia, esse critério tende a apontar para um número elevado de fatores a reter. Como tal, complementou-se esta análise com recurso ao *scree-plot*, optando-se por proceder à extração de quatro fatores (congruente com o que foi obtido por Skowron & Schmitt, 2003). Os quatro fatores sujeitos ao método de rotação ortogonal *Varimax* explicam 33.50% da variância total (26.2% na versão norte-americana de Skowron & Schmitt, 2003), com retenção dos itens com saturações superiores a .30 nos respetivos fatores.

Assim, o primeiro fator é composto por 19 itens que explicam 11.39% da variância total, com valores de saturações que oscilam entre .337 e .669 (cf. Quadro 3). A análise dos itens que compõem este fator (quando comparado com o DSI-R de Skowron & Schmitt, 2003) indica que a maioria pertence às subescalas Reatividade Emocional (10 itens) e Fusão com os Outros (7 itens).

Quadro 3.
Matriz rodada, comunalidades e alfa de Cronbach: Fator 1 IDS-R (Rotação Varimax)

Fator 1 (α = .86)	Saturação	h^2
34. Sensível quanto a ser magoado...	.669	.448
14. Sentimentos tomam conta de mim...	.637	.406
26. Discussão com o(a) esposo(a)/companheiro(a)...	.589	.347
13. Esposo(a)/companheiro(a) critica...	.578	.334
18. Altos e baixos emocionais...	.574	.329
21. Sensível a críticas...	.548	.300
29. Discussões com os pais...	.513	.263
30. Aborrecido comigo, não consigo aceitar...	.498	.248
44. Mal disposto(a) depois de discutir...	.485	.235
6. Alguém que é próximo desilude...	.484	.234
5. Encorajamento por parte de outros...	.447	.200
1. Excessivamente emotivo(a)..	.431	.186
10. Não ser tão emotivo(a)...	.430	.185
35. Autoestima depende do que os outros pensam...	.426	.181
17. Necessidade de aprovação...	.424	.180
40. Sinto as coisas intensamente...	.423	.179
33. Inseguro(a) quando os outros não estão por perto...	.408	.166
43. Bastante estável sob stress...	.398	.158
46. Pessoas que são próximas fiquem doentes, magoadas...	.337	.114

Por sua vez, o segundo fator é constituído por 13 itens que explicam 9.76% da variância total, cujos valores de saturação variam entre .427 e .619 (cf. Quadro 4). Destes 13 itens, 12 pertencem à subescala *Cut-off* Emocional apresentada por Skowron e Schmitt (2003).

Quadro 4.
Matriz rodada, comunalidades e alfa de Cronbach: Fator 2 IDS-R (Rotação Varimax)

Fator 2 (α = .79)	Saturação	h^2
42. Esposo(a)/companheiro(a) desse espaço...	.619	.383
36. Frequentemente sufocado(a)...	.549	.301
28. Relações muito intensas, impulso de fugir...	.546	.298
12. Esposo(a)/companheiro(a) não toleraria...	.540	.292
16. Desconfortável quando as pessoas se aproximam...	.535	.286
8. Distanciar quando as pessoas se aproximam...	.529	.280
24. Esposo(a)/companheiro(a) exige demasiado...	.491	.241
3. Inibido(a) junto da minha família...	.491	.241
25. Concordo apenas para não criar conflitos...	.485	.235
20. Preocupado(a) por perder a independência...	.444	.197
39. Coisas correm mal, falar sobre elas piora-as...	.437	.191
32. Apoio emocional membros da família...	.431	.186
2. Dificuldade em expressar sentimentos ...	.427	.182

No Quadro 5 encontram-se os 10 itens do Fator 3 (saturação dos itens entre .306 e .635) que explicam 6.93% da variância total, em que nove itens pertencem à subescala Posição do Eu de Skowron e Schmitt (2003).

Quadro 5.
Matriz rodada, comunalidades e alfa de Cronbach: Fator 3 IDS-R (Rotação Varimax)

Fator 3 (α = .51)	Saturação	h^2
41. Faço o que acredito que é correto...	.635	.403
31. Preocupado(a) em fazer aquilo que acho correto...	-.605	-.366
23. Aceito-me bem...	.544	.296
7. Nunca perderei a noção daquilo que sou...	.539	.291
27. Capaz de dizer "não" aos outros...	.476	.227
37. Raramente preocupo com o que os outros irão pensar...	.465	.216
11. Não altero o comportamento apenas para agradar...	.439	.193
15. Separar os pensamentos dos sentimentos...	.413	.171
4. Bastante calmo(a), mesmo sob stress...	.382	.146
19. Aborrecer-me com coisas que não posso mudar...	.306	.094

Por fim, apenas quatro itens saturam no quarto e último fator que explica 5.43% da variância total, com valores de saturação entre .326 e .810 (cf Quadro 6), três dos quais pertencem à subescala Fusão com os Outros da versão original do DSI-R (Skowron & Schmitt, 2003).

Quadro 6.
Matriz rodada, comunalidades e alfa de Cronbach: Fator 4 IDS-R (Rotação Varimax)

Fator 4 (α = .68)	Saturação	h^2
22. Corresponder às expectativas dos pais...	.810	.657
9. Quero corresponder às expectativas...	.781	.610
45. Ouvir as opiniões dos pais...	.652	.425
38. Tipo de impressão que crio...	.326	.106

Ao analisar estes resultados, verificamos que não foi obtida uma replicação exata da estrutura fatorial do DSI-R (Skowron & Schmitt, 2003), tanto ao nível do número de itens incluídos em cada um dos quatro fatores como ao nível do conteúdo dos itens abrangidos por cada fator (com exceção dos fatores *Cut-Off* Emocional e Posição do Eu, com maior sobreposição dos itens quando comparados com os fatores homólogos do DSI-R).

Comparação estrutura fatorial DSI-R versão portuguesa e espanhola

A composição fatorial da versão espanhola do DSI-R foi comparada com a versão portuguesa, no sentido de averiguar se as discrepâncias obtidas comparativamente à versão original (Skowron & Schmitt, 2003) se mantinham na vizinha Espanha. A amostra espanhola é composta por 1.254 sujeitos, 390 (31.1%) do sexo masculino e 864 (68.9%) do sexo feminino, com idades compreendidas entre os 18 e os 76 anos.

Verificados os pressupostos para a realização de uma análise fatorial com os itens da versão espanhola (e.g., *KMO* de .901 e teste de Esfericidade de Bartlett significativo, $\chi^2(1035)$ = 18259.281, p < .001), num primeiro momento foram identificados 11 fatores que explicariam 55.26% da variância (Rousselot, 2011). Da análise do *scree-plot* optou-se por proceder à extração de quatro fatores com rotação Varimax (congruente com os estudos das versões norte-americana e portuguesa), que explicam 36.42% da variância total (cf. Quadro 7). Denota-se alguma correspondência entre estes fatores e os propostos por Skowron e Schmitt (2003), em que nove dos itens que compõem o Fator 1 pertencem à subescala Reatividade Emocional, nove itens do Fator 2 referem-se à subescala Posição do

"Eu", 10 itens do Fator 3 pertencem à subescala *Cut-Off* Emocional e os quatro itens que saturam no Fator 4 incluem-se na subescala Fusão com os Outros (Rousselot, 2011).

Quadro 7.
Matriz rodada, comunalidades e variância explicada: Análise fatorial exploratória DSI-R (Espanha) com rotação Varimax

Itens versão Espanhola	Componentes				h^2
	1	2	3	4	
Item18	.631				.398
Item 14	.622				.387
Item 34	.606				.367
Item 26	.597				.356
Item 1	.596				.355
Item 43	.546				.298
Item 29	.530				.281
Item 4	.529				.280
Item 44	.515				.265
Item 21	.495				.245
Item 30	.476				.227
Item 40	.474				.225
Item 10	.447				.200
Item 41		.647			.419
Item 35		.574			.329
Item 23		.561			.315
Item 17		.535			.286
Item 27		.499			.249
Item 33		.492			.242
Item 38		.466			.217
Item 11		.455			.207
Item 25		.451			.203
Item 5		.443			.196
Item 7		.438			.192
Item 15		.388			.151
Item 31		.378			.143
Item 19		.345			.119
Item 37		.295			.087
Item 36			.658		.433
Item 28			.598		.358
Item 24			.575		.331
Item 20			.559		.312
Item 42			.502		.252
Item 8			.496		.246
Item 12			.464		.215
Item 3			.460		.212

Item 13		.403		.162
Item 32		.376		.141
Item 39		.325		.106
Item 16		.296		.088
Item 6		.273		.075
Item 22			.836	.699
Item 9			.826	.682
Item 45			.654	.428
Item 46			.387	.150
% variância explicada	19.51	7.17	5.25	4.48

Nota. As saturações dos itens 6, 16 e 37 encontram assinaladas a itálico em virtude de não saturarem em qualquer fator acima de .30.

Num primeiro momento importa destacar a proximidade dos valores de variância explicada para ambas as versões do DSI-R (33.50 e 36.42%, respetivamente para as versões portuguesa e espanhola). No que diz respeito ao Fator 1, a versão portuguesa abrange um número superior de itens relativamente à versão espanhola (19 vs. 13, respetivamente), no entanto é possível verificar uma total equivalência nos nove itens da subescala de Reatividade Emocional que saturam neste primeiro fator em ambas as versões. Acresce que também o item 43 (originalmente da subescala Posição do "Eu") satura em ambas as versões no Fator 1. Dos sete itens da subescala Fusão com os Outros que saturam na versão portuguesa no Fator 1, também os itens 29 e 44 são encontrados na versão espanhola. Enquanto no segundo fator da versão portuguesa com 13 itens, encontramos 12 que correspondem à subescala Cut-Off Emocional, estes itens encontram-se na versão espanhola no terceiro fator (com 14 itens) 11 pertencendo à subescala Cut-Off Emocional. A subescala Posição do "Eu" corresponde ao Fator 3 da versão portuguesa e ao Fator 2 da versão espanhola (15 itens), com ambos os fatores de cada versão a apresentarem nove itens da subescala Posição do "Eu". Por fim, o quarto fator apresenta algumas semelhanças entre as duas versões. Em ambas as estruturas fatoriais, o Fator 4 é constituído por quatro itens com níveis relativamente próximos de saturação (.326-.810 e .387-836, respetivamente para as versões portuguesa e espanhola), estando os itens 9, 22 e 45 (referentes à Fusão com os Outros) presentes em ambas as versões (Rousselot, 2011).

Impacto das variáveis sociodemográficas e familiares na diferenciação do self

Procurou-se analisar o impacto de diversas variáveis sociodemográficas referidas na literatura com impacto na diferenciação de *self* (sexo, idade, estado civil, nível de escolaridade e NSE) (Major et al., in press; Miranda, 2011). Para complementar esta análise, o impacto do envolvimento ou não uma relação amorosa na diferenciação do *self* foi, igualmente, estudado. A magnitude do efeito foi calculada através do *Eta Squared* proposto por Cohen (1988).

Bowen (1978) refere que a variável sexo não influencia o nível de diferenciação do *self*. Este postulado teórico vai de encontro aos resultados obtidos, pois o impacto desta variável não se revelou estatisticamente significativo no total do IDS-R, o mesmo sucedeu com a versão norte--americana (Skowron & Friedlander, 1998; Skowron & Schmitt, 2003). No entanto, a idade revela-se estatisticamente significativa no resultado total do IDS-R, $F(3,466) = 4.761$, $p = .003$, sendo que a faixa etária dos 50-84 anos apresenta valores significativamente mais baixos quando comparada com as faixas etárias mais jovens (magnitude do efeito reduzida, 2.9%). Em Espanha, Rodríguez-González (2009) também alcançou conclusões semelhantes ao passo que nos estudos realizados com a versão norte-americana (Skowron & Friedlander, 1998; Skowron & Schmitt, 2003) a idade não demonstrou ter um impacto significativo na diferenciação do *self*. Por sua vez, a variável estado civil não apresenta um impacto estatisticamente significativo no resultado total do IDS-R, resultado este também verificado no DSI-R (Skowron & Friedlander, 1998; Skowron & Schmitt, 2003). Skowron e Schmitt (2003) encontraram resultados estatisticamente significativos no que concerne à educação, com níveis de diferenciação superiores à medida que o nível de escolaridade aumentava, contrariamente aos resultados obtidos com a versão Filipina do DSI (Tuason & Friedlander, 2000). Tendo por base estes dois estudos, apenas um vai de encontro à afirmação de Bowen (1978) de que o nível académico não influencia o nível de diferenciação do *self*. Os nossos resultados apresentaram um paralelismo com a versão norte-americana, visto que os sujeitos da amostra com maior nível de escolaridade completo

91

(Ensino Secundário e Superior) apresentam níveis de diferenciação do *self* superiores aos indivíduos com menor escolaridade (Ensino Básico), $F(2,467) = 9.046$, $p \leq .001$ (magnitude do efeito reduzida, 3.7%). Acresce que, em 1978, Bowen referiu que o NSE não se relaciona com o nível de diferenciação do *self*, o que vai de encontro aos resultados não significativos de Skowron e Schmitt (2003) para o rendimento familiar (outro indicador considerado na categorização do NSE). Todavia, na amostra portuguesa o nível de diferenciação do *self* é tanto maior quanto mais elevado é o NSE dos sujeitos, $F(2,333) = 9.165$, $p \leq .001$ (magnitude do efeito reduzida, 5.2%) (Miranda, 2011).

Por fim, de acordo com vários autores (Bowen, 1978; Kerr & Bowen, 1988; Patrick, Sells, Giordano, & Tollerud, 2007), a diferenciação do *self* relaciona-se com a capacidade do indivíduo para manter uma relação de intimidade e está positivamente correlacionada com a satisfação conjugal (Peleg, 2008; Skowron, 2000). Neste sentido, os resultados obtidos com a versão portuguesa apontam níveis de diferenciação do *self* mais elevados nos indivíduos envolvidos numa relação, $t(206.216) = 3.309$, $p = .001$ (magnitude do efeito reduzida, 2.6%), o que é congruente com a relevância das relações amorosas na diferenciação do *self* (Miranda, 2011).

3. Aplicação
Como aplicar, cotar e interpretar?

O material necessário para a aplicação do IDS-R é apenas a versão em papel do inventário e uma caneta. A aplicação do IDS-R requer que o sujeito cote cada um dos 46 itens do IDS-R no que diz respeito aos seus pensamentos e sentimentos acerca de si próprio e das suas relações com os outros. Os itens são cotados numa escala de tipo *Likert*, de 1 (*Nada verdadeiro para mim*) a 6 (*Muito verdadeiro para mim*). O cálculo do resultado total e respetivas subescalas implica a inversão da cotação de diversos itens. Posteriormente, os itens abrangidos por cada subescala (ou totalidade) são somados, procedendo-se à divisão deste somatório pelo respetivo número de itens considerados. Neste sentido, a pontuação total do IDS-R e respetivas subescalas oscila entre 1 e 6 (Skowron & Schmitt, 2003).

Este estudo exploratório permitiu apresentar os primeiros dados normativos que funcionam apenas como ponto de referência. Assim, apresentam-se no Quadro 8 as médias e desvios-padrão para o resultado total do IDS-R e das suas respetivas quatro subescalas para a totalidade da amostra e considerando o sexo dos respondentes.

Quadro 8.
Dados normativos IDS-R: Amostra total e por sexo

Resultado IDS-R	Amostra Total (N = 470)		Sexo Masculino (n = 221)		Sexo Feminino (n = 249)	
	M	DP	M	DP	M	DP
Fator 1	3.57	0.76	3.72	0.77	3.44	0.73
Fator 2	4.58	0.75	4.47	0.77	4.68	0.71
Fator 3	3.97	0.58	4.04	0.61	3.91	0.55
Fator 4	2.95	0.99	2.98	0.96	2.92	1.00
Total IDS-R	3.88	0.52	3.94	0.54	3.85	0.49

Passando para a interpretação dos resultados quer total, quer das quatro subescalas, podemos inferir que quanto maiores forem os resultados da escala total e das subescalas maior será a diferenciação do *self*, ou seja, menor será a Reatividade Emocional, o *Cut-Off* Emocional e a Fusão com os Outros, maior será a capacidade de assumir a Posição do Eu nas relações (Skowron & Schmitt, 2003; Skowron et al., in press).

De acordo com a teoria de Bowen (1978), indivíduos menos diferenciados são menos flexíveis, menos adaptativos e emocionalmente mais dependentes daqueles que os rodeiam, sendo, por conseguinte, mais vulneráveis ao stress e à disfunção (Knauth & Skowron, 2004). Caracterizam-se, também, por assumirem uma postura de excessiva conformidade e condescendência, ou por uma independência emocional reativa para com os outros (Skowron & Friedlander, 1998). Como tal, em resposta à ansiedade nas relações significativas, estes indivíduos tendem a fusionar-se ou a distanciar-se emocional e fisicamente (Rodríguez-González, 2009).

Numa posição oposta encontram-se os indivíduos mais diferenciados, com uma capacidade superior de diferenciar o pensar do sentir, que se reflete nos seus comportamentos (Knauth & Skowron, 2004). São, portanto, mais flexíveis, mais adaptativos e mais independentes das emoções dos outros (sem deixar de as perceber ou estar em contacto com as mesmas) (Knauth & Skowron, 2004). Por outro lado, apresentam melhores estratégias de *coping* para lidar com a incerteza e a ambiguidade (Skowron et al., in press), demonstram menos fusão emocional nas suas relações próximas e gerem melhor o stress e a ansiedade, o que lhes permite experienciar menor sintomatologia (Knauth & Skowron, 2004; Licht & Chabot, 2006).

4. Vantagens, limitações e estudos futuros

Este é o primeiro estudo de adaptação e validação do Inventário de Diferenciação do *Self* – Revisto para a população portuguesa. O processo de adaptação (tradução) do IDS-R foi rigoroso e destaca-se a dimensão da amostra recolhida (N = 470), num estudo de natureza exploratória (Major et al., in press; Miranda, 2011).

Uma limitação deste estudo prende-se com o facto de, tanto no DSI-R como no IDS-R, haver questões que são dirigidas de forma indiscriminada a pessoas com ou sem relação amorosa, resultante das instruções de preenchimento que remetem para: *"Se acha que uma afirmação não se aplica a si (...), por favor responda à questão de acordo com o que lhe parece que seriam os seus pensamentos e sentimentos nessa situação"*. Todavia é importante salientar que imaginar e vivenciar de forma efetiva a conjugalidade são situações distintas. Outra limitação pode ser apontada ao processo de recolha da amostra, pelo facto de ser uma amostra por conveniência e, como tal, não representativa da população portuguesa (com exceção da variável sexo) (Major et al., in press; Miranda, 2011).

Ao nível dos estudos futuros, destaca-se a importância de rever os itens do IDS-R. É também fundamental replicar e prosseguir com mais estudos análise fatorial, nomeadamente, confirmatória. Embora os níveis de consistência interna sejam bons, estes poderão ser incrementados através de uma análise cuidadosa dos itens que apresentam um funcionamento menos adequado (isto é, abaixo do limiar mínimo desejável de .20 nas correlações item-total), com uma possível reformulação e/ou remoção de alguns itens (e.g., item 19). Apontamos ainda a necessidade de realizar outros estudos de precisão e validade no sentido de fortalecer as propriedades psicométricas do IDS-R (e.g., estabilidade temporal e validade convergente e discriminante). A recolha de uma amostra estratificada e representativa da população portuguesa parece relevante para contornar algumas limitações na generalização dos resultados (Major et al., in press; Miranda, 2011).

5. Bibliografia

Bowen, M. (1978). *Family therapy in clinical practice.* New York: Jason Aronson.

Bray, J., Williamson, D., & Malone, P. (1984). Personal authority in the family system: Development of a questionnaire to measure personal authority in intergenerational family processes. *Journal of Marital and Family Therapy, 10,* 167-178.

Charles, R. (2001). Is there any empirical support for Bowen's concepts of differentiation of self, triangulation, and fusion? *The American Journal of Family Therapy, 29,* 279-292.

Cohen, J. (1988). *Statistical power analysis for the behavioral sciences.* Hillsdale, NJ: Erlbaum.

Ferreira, L. C., Narciso, I., & Novo, R. F. (2012). Intimacy, sexual desire and differentiation in couplehood: A theoretical and methodological review. *Journal of Sex and Marital Therapy, 38*(3), 263-280.

Glebova, T., Bartle-Haring, S., & Strength, J. (2011, Março). *Cross-Cultural Equivalence in Measuring Differentiation of Self.* Poster apresentado no XIXth World Family Therapy Congress of the International Family Therapy Association, Noordwijkerhout, The Netherlands.

Instituto Nacional de Estatística (2002). *Censos 2001: Resultados definitivos.* Disponível em: http://www.ine.pt/xportal/xmain?xpid=INE&xpgid=ine_destaques&DESTAQUESdest_boui=71467&DESTAQUESmodo=2

Jenkins, S. M., Buboltz, W. C., Schwartz, J. P., & Johnson, P. (2005). Differentiation of Self and psychosocial development. *Contemporary Family Therapy, 27,* 251-260.

Kerr, M. E. (2003). *La historia de una familia. Un libro elemental sobre la teoría de Bowen.* Washington, DC: Centro de la Familia de Georgetown.

Kerr, M. E., & Bowen, M. (1988). *Family evaluation: An approach based on Bowen theory.* New York: WW Norton & Co.

Kline, P. (1993). *The handbook of psychological testing.* London: Routledge.

Knauth, D. A., & Skowron, E. A. (2004). Psychometric evaluation of the Differentiation of Self Inventory for adolescents. *Nursing Research, 53,* 163-171.

Lam, C. M., & Chan-So, C. (2010). *Report on validation of the Chinese version of the Differentiation of Self Inventory (C-DSI).* Hong Kong: International Social Service Hong Kong Branch.

Licht, C., & Chabot, D. (2006). The Chabot Emotional Differentiation Scale: A theoretically and psychometrically sound instrument for measuring Bowen's intrapsychique aspect of differentiation. *Journal of Marital and Family Therapy, 32*(2), 167-180.

Major, S., Miranda, C., Rodríguez-González, M., & Relvas, A. P. (in press). Adaptação portuguesa do *Differentiation of Self Inventory-Revised* (DSI-R): Um estudo exploratório. *Revista Iberoamericana de Diagnóstico e Avaliação Psicológica.*

Miller, R. B., Anderson, S., & Keala, D. K. (2004). Is Bowen theory valid? A review of basic research. *Journal of Marital and Family Therapy, 30*(4), 453-466.

Miranda, C. S. (2011). *Estudos de adaptação do Inventário de Diferenciação do Self – Revisto para a população portuguesa: Impacto das variáveis sociodemográficas no resultado total*. Dissertação de Mestrado (não publicada), Faculdade de Psicologia e de Ciências da Educação, Universidade de Coimbra, Coimbra.

Nichols, M. P., & Schwartz, R. C. (2006). Bowen Family Systems Therapy. In *Family therapy: concepts and methods* (7th ed., pp. 115-144). Boston: Pearson.

Nunnally, J. C. (1978). *Psychometric theory* (2nd ed.). New York: McGraw-Hill.

Patrick, S., Sells, J. N., Giordano, F. G., & Tollerud, T. R. (2007). Intimacy, differentiation, and personality variables as predictors of marital satisfaction. *The Family Journal, 15*, 359-367.

Peleg, O. (2008). The relation between differentiation of self and marital satisfaction: What can be learned from married people over the course of life? *The American Journal of Family Therapy, 36*, 388-401.

Pestana, M. H., & Gageiro, J. N. (2003). *Análise de dados para ciências sociais: A complementaridade do SPSS* (3a ed.). Lisboa: Sílabo.

Relvas, A. P. (1996). *O ciclo vital da família: Perspetiva sistémica*. Porto: Afrontamento.

Relvas, A. P., & Alarcão, M. (2002). *Novas formas de família*. Coimbra: Quarteto.

Rodríguez-González, M. (2009). *El desarrollo afectivo y la construcción de la relación de pareja: estudio sobre la relación entre la diferenciación del self, la satisfacción marital y el funcionamiento familiar*. Diploma de Estudios Avanzados (não publicado). Universidad Pontificia Comillas, Madrid.

Rodríguez-González, M., Relvas, A. P., Major, S., Miranda, C., & Rousselot, M. (2011, Março). *The measurement of differentiation of self: Implications for theory development*. Poster apresentado no XIXth World Family Therapy Congress of the International Family Therapy Association, Noordwijkerhout, The Netherlands.

Rousselot, M. (2011). *O Inventário de Diferenciação do Self – Revisto: Estudos de tradução e adaptação para a população portuguesa e comparação com a versão espanhola*. Dissertação de Mestrado (não publicada), Faculdade de Psicologia e de Ciências da Educação, Universidade de Coimbra, Coimbra.

Simões, M. R. (2000). *Investigações no âmbito da aferição nacional do teste das Matrizes Progressivas Coloridas de Raven (M.P.C.R.)*. Lisboa: Fundação Calouste Gulbenkian/ Fundação para a Ciência e a Tecnologia.

Skowron, E. A. (2000). The role of differentiation of self in marital adjustment. *Journal of Counseling Psychology, 47*, 229-237.

Skowron, E. A., & Friedlander, M. (1998). The Differentiation of Self Inventory: Development and initial validation. *Journal of Counseling Psychology, 45*(3), 235-246.

Skowron, E. A., & Schmitt, T. A. (2003). Assessing interpersonal fusion: Reliability and validity of a new DSI fusion with others subscale. *Journal of Marital and Family Therapy, 29*(2), 209-222.

Skowron, E. A., Van Epps, J. J., Cipriano-Essel, E. A., & Woehrle, P. L. (in press). A role for Bowen Family Systems Theory in guiding cross-disciplinary, translational research and effective intervention: Current developments and future directions. In M. Rodríguez--González & M. Martínez Berlanga (Eds.), *La Teoría Familiar Sistémica de Bowen: Avances y aplicación terapéutica*. Madrid: CCS.

Tuason, M. T., & Friedlander, M. L. (2000). Do parents' differentiation levels predict those of their adult children? and other tests of Bowen theory in a Philippine sample. *Journal of Counseling Psychology, 47*(1), 27-35. doi: 10.1037//0022-0167.47.1.27

ESCALA DE CONGRUÊNCIA

(EC)

Diana Cunha
José Tomás Silva
Ana Paula Relvas

"When we decide to respond congruently, it is not because we want to win, to control another person or a situation, to defend ourselves, or to ignore other people. Choosing congruence means choosing to be ourselves, to relate and contact others, and to connect with people directly."

(Satir, Banmen, Gerber, & Gomori, 1991, p. 66)

Resumo

A Escala de Congruência (EC) (Lee, 2002) avalia a relação do indivíduo consigo próprio, com os outros e com o contexto. Foi traduzida e adaptada para a população portuguesa, a partir de uma amostra de 254 participantes da população geral. Realizaram-se estudos de validade (análise fatorial exploratória e confirmatória – AFE e AFC) e de fiabilidade (e.g., consistência interna), posteriormente replicados numa amostra de jogadores patológicos. Sugere-se uma estrutura bifatorial (Espiritual/Universal e Intra-Pessoal) que se mostrou ajustada: AFC – $\chi 2 = 185.602$ (p < .001), $\chi 2/df = 1.875$, *CFI* = .954, *GFI* = .919, *RMSEA*= .059 (Lo = .05, Hi = .07). A EC apresenta bons níveis de consistência interna – Fator 1 ($\alpha = .93$) e Fator 2 ($\alpha = .75$). O estudo apresenta algumas limitações (e.g. amostra não probabilística de conveniência, não

DOI: http://dx.doi.org/10.14195/978-989-26-0839-6_4

estratificada), sugerindo-se a continuidade dos estudos da EC (e.g., construção e estudo de novos itens).

Palavras-Chave: Escala de Congruência, validade, fiabilidade, população portuguesa.

Abstract

The Congruence Scale (EC) (Lee, 2002) assesses the individual's relationship with Self, with others and with the context. It was translated and adapted for the Portuguese population from a sample of 254 participants, from the general population. Studies of validity (exploratory and confirmatory factor analysis – EFA and CFA) and reliability (e.g., internal consistency) were conducted and, subsequently, replicated in a sample of pathological gamblers. It is suggested a two-factor structure (Spiritual/Universal and Intra-Personal) that proved to be adjusted: CFA - $\chi2$ = 185.602 (p < .001), $\chi2/df$ = 1.875, CFI = .954, GFI = .919, $RMSEA$= .059 (Lo = .05, Hi = .07). The EC presents good levels of internal consistency - Factor 1 (α = .93) and Factor 2 (α = .75). The study has some limitations (e.g., non-probabilistic and convenience sample, not stratified), suggesting the continuation of studies of the CS (e.g., construction and study of new items).

Keywords: Congruence Scale, validity, reliability, Portuguese population.

1. Instrumento

O que é, o que avalia e a quem se aplica?

No Quadro 1 encontra-se a ficha técnica relativa à Escala de Congruência (EC; Cunha, Silva, Vilaça, Gonçalves, & Relvas, *in press*).

Quadro 1.
Ficha técnica da CS

O que é?	A Escala de Congruência (EC) é a versão portuguesa da *Congruence Scale* (CS), publicada em 2002, por Bonnie Lee, em Ottawa, Canadá
	A EC consiste num questionário de auto-resposta, composto por 16 itens que avaliam a congruência, através da relação com o próprio, com os outros e com a vida, em adultos. Os 16 itens encontram-se repartidos por duas subescalas: Espiritual/Universal e Intra/Interpessoal

Estrutura da EC

Subescala	Número Itens	Descrição
Espiritual/Universal (EU)	7	Avalia a relação com a espiritualidade/ universalidade, ou seja, o nível mais profundo da natureza humana, manifestado na consciência de uma "força de vida" universal
Intra/Interpessoal (II)	9	Avalia a relação que o sujeito estabelece consigo próprio (e.g., sentimentos, sentimentos sobre sentimentos, perceções, expetativas) e com os outros (comunicação e interação interpessoal)

A quem se aplica?	A adaptação portuguesa da CS atesta a viabilidade da sua aplicação a adultos (> 18 anos) da população geral. A autora (Lee, 2002b) considera que o instrumento de avaliação pode igualmente ser administrado a indivíduos, casais e famílias em terapia, como medida dos resultados terapêuticos, sobretudo quando se verifica um alinhamento entre os objetivos terapêuticos e o modelo de Satir (Lee, 2002b)
Como ter acesso?	O acesso à versão portuguesa da CS pode ser efetuado através da página http://www. fpce.uc.pt/avaliação familiar que contém todos os instrumentos de avaliação apresentados neste livro. Os utilizadores deverão facultar os contactos pessoais e institucionais, bem como dados acerca do propósito da utilização do instrumento (e.g., investigação, prática clínica) e concordar com as condições de utilização e de partilha dos resultados com os autores da versão portuguesa

Fundamentação e história

O constructo congruência tem a sua origem na Terapia Centrada na Pessoa de Carl Rogers, referindo-se a um estado de coerência interna e de autenticidade, evidenciada pela aceitação de sentimentos, atitudes e experiências, bem como pela genuinidade na relação com o outro (Rogers, 1985). Estas ideias foram atualizadas no Modelo de Mudança de Virginia Satir (Satir et al., 1991), reconhecida pelo seu percurso pioneiro na Terapia Familiar, impondo-se como uma referência incontornável desta área (Duhl, 1989). Foi co-fundadora do *Mental Research Institute* (MRI), em Palo Alto, e o seu sucesso deve-se, em grande parte, ao caráter inovador e à consistência do seu modelo de intervenção (Banmen, 2002). O Modelo de Satir desenvolveu-se com base nos seguintes recursos (Lee, 2001): a) articulação entre as suas principais ideias, crenças e visão acerca da pessoa, família e sociedade; b) divulgação da sua perspetiva teórica e prática através de *workshops,* tanto de formação profissional como de desenvolvimento pessoal e cura, onde os seus conceitos são explicados didaticamente e demonstrados através de encenações e *role-playing,* numa lógica experiencial; e c) criação de uma organização que divulgasse a finalidade do trabalho desenvolvido por Satir. Esta organização foi fundada por Virginia Satir em 1977 – Rede Avanta – e, atualmente, denomina-se *The Virginia Satir Global Network.*

Foi desta forma, que se consolidou este Modelo, humanista e transpessoal (Banmen, 2002), cujos objetivos terapêuticos específicos passam por (Chan, 1996): ajudar o indivíduo a desenvolver uma melhor autoestima; promover uma postura e padrões comunicacionais congruentes; libertar o cliente de padrões de *coping* disfuncionais, aprendidos na infância; promover a individuação face a regras familiares e limitações parentais; auxiliar o sujeito a tornar-se responsável pelas escolhas da sua vida, assim como pelas suas experiências internas, aceitando, por exemplo, os seus sentimentos; e promover uma construção através dos recursos internos e externos do cliente. Transversalmente a estes objetivos, a autora adotou uma postura de consideração pela singularidade de cada sujeito (Haber, 2002), enfatizando a importância, o valor e o respeito associados ao indivíduo enquanto forma de existência única (Tam, 2006). É com base neste pressuposto que, à luz deste modelo, a pessoa é representada como um sistema multidimensional, integrador das seguintes dimensões humanas: Interpessoal, Intrapsíquica e Espiritual/Universal (Lee, 2001, 2002a, 2002b, 2009; Satir et al., 1991).

O significado da congruência em cada uma destas dimensões reflete a própria evolução deste constructo. Inicialmente, em 1950, este constructo estaria essencialmente focado na dimensão Interpessoal, muito associado à comunicação e à consciência/ reconhecimento e aceitação de sentimentos, perceções, expetativas e anseios; posteriormente, em 1960, surge mais associado à dimensão Intrapsíquica, passando a ser abordado como um estado de plenitude, auto-centração interior e auto-aceitação, promotor de uma maior autoestima; e, duas décadas mais tarde, passa a enfatizar, sobretudo, a dimensão Espiritual/Universal, encontrando-se muito relacionado com uma "Força de Vida", promotora do desenvolvimento individual (Satir et al.,1991).

Recentemente, o conceito de congruência sofreu uma nova atualização, no âmbito da *Congruence Couple Therapy for Pathological Gambling* (CCT), desenvolvida por Lee (2009). A CCT foi elaborada com a finalidade de intervir com casais com problemas relacionados com o jogo patológico (Lee, 2009) e acrescenta uma (pseudo) dimensão ao Modelo de Satir, a Transgeracionalidade (Lee, 2009). Refere-se à influência não determinista da família de origem no funcionamento do ser humano (Lee, 2009). Assim, um estado de congruência também passa pela tomada de consciência/reconhecimento da influência dos padrões/ dinâmicas familiares (Lee, 2009), no funcionamento atual da pessoa. Neste sentido, a Transgeracionalidade pode ser compreendida como "pano de fundo", transversal às restantes dimensões humanas e não como uma dimensão humana, propriamente dita.

Ao longo do seu desenvolvimento, o conceito de congruência conserva, como elementos nucleares, a consciência, a totalidade e a abertura pessoal relativamente às dimensões humanas supracitadas (Interpessoal, Intrapsíquica e Espiritual/Universal) (Lee, 2002a). A dimensão Interpessoal representa a comunicação e interação com os outros (Satir et al., 1991). A congruência a este nível exige o reconhecimento de si, dos outros e do meio (Satir et al., 1991) e reflete uma comunicação marcada pelo acordo entre as palavras, o afeto, os significados e entre os níveis digital e analógico (Lee, 2001). Já a dimensão Intrapsíquica engloba vários níveis e dinâmicas intrapessoais, como os sentimentos, sentimentos sobre sentimentos, perceções e expetativas, baseadas em experiências prévias, regras sociais e culturais, valores e narrativas (Satir et al., 1991). Desta forma, uma dimensão Intrapsíquica congruente expressa-se na consciência e no reconhecimento do que a pessoa experiencia internamente, bem como na escolha de formas alternativas de ser (Satir et al., 1991). Por sua vez, a dimensão Espiritual/Universal representa a experiência humana comum, independentemente do contexto cultural, histórico ou familiar, designadamente anseios e aspirações universais, tais como amar e ser amado, ser aceite e respeitado ou viver com um propósito (Satir et al., 1991). Resumindo, pode-se considerar a congruência como um estado de harmonia interna e externa, marcado por uma sensação de calma, plenitude, tranquilidade e paz, através do qual o indivíduo pode reagir de forma mais harmoniosa/adaptativa em relação ao seu interior, aos outros e ao contexto (Banmen, 2002).

Para avaliar o constructo congruência, Lee (2002b) desenvolveu a *Congruence Scale* (CS). Segundo a autora, para além de constituir uma medida da congruência, esta escala avalia a eficácia do Modelo de Satir e estabelece uma ligação com outros modelos de terapia e constructos, como o bem-estar, a satisfação conjugal e a espiritualidade. A CS foi desenvolvida a partir de uma amostra de 86 sujeitos, participantes nos *workshops* de Satir. Após a observação das intervenções nos referidos *workshops*, a autora construiu 87 itens que compunham a CS: 37 correspondiam à dimensão Intrapsíquica, 25 à Interpessoal e 25 à Espiritual/Universal. Seguidamente, três elementos pertencentes ao grupo Rede Avanta e um terapeuta praticante do Modelo de Satir procederam à avaliação dos itens numa escala de 5 pontos, baseada nos seguintes parâmetros: 1) clareza e legibilidade, 2) grau em que o item se integra na respetiva dimensão e 3) importância do item relativamente ao Modelo de Satir. Posteriormente, procedeu-se a uma reformulação ou eliminação dos itens considerados duvidosos/confusos. Os 75 itens, resultantes da etapa anterior, foram sujeitos a um estudo piloto que culminou numa nova redução para 38 itens, revelando estes últimos uma correlação item-total igual ou superior a .30. Esta versão aperfeiçoada da escala, juntamente com as medidas concorrentes [The Satisfaction with Life Scale (SWLS; Diener, Emmons, Larsen, & Griffin, 1985); Outcome Questionnaire (OQ; Lambert et al., 1996; Lambert, Okiishi, Finch, & Johnson, 1998)] foram enviadas para os centros de aprendizagem de Satir, nos Estados Unidos da América e no Canadá, para serem administradas aos participantes (n = 86) dos referidos workshops. O tratamento dos dados baseou-se na realização de uma análise fatorial (em componentes principais e com rotação Quartimax), da qual resultaram 4 fatores. O Fator 1 (dimensão Intrapsíquica-Interpessoal) contempla 12 itens; o Fator 2 (dimensão Espiritual), 10 itens; o Fator 3 (dimensão Criativa), 3 itens; e, por último, o Fator 4 (dimensão Comunal) engloba, igualmente, 3 itens. Apesar de 10 dos 38 itens testados não integrarem a estrutura fatorial referida, a autora mantém uma versão original (teórica), composta por 38 itens distribuídos por três fatores - Interpessoal (11 itens), Intrapsíquica (13 itens) e Espiritual/Universal (14 itens) – recomendando que esta seja a estrutura estudada noutras culturas, dado o carácter preliminar do estudo original. No que respeita aos estudos de validade concorrente, verificou-se que as pontuações de cada fator, assim como a pontuação total da CS, encontram-se moderadamente correlacionadas com a maior parte das pontuações do OQ e da SWLS, variando os coeficientes de correlação entre -.61 e .53. Assim, deste processo resultou a primeira versão da CS, composta por 38 itens (Lee, 2002b). Quando adaptada para Portugal a escala ficou reduzida a um conjunto de 16 itens, de acordo com os estudos que se apresentam de seguida.

2. Estudos em Portugal
Como foi desenvolvido/ adaptado e validado?

A adaptação da CS para a população portuguesa disponibiliza uma medida de avaliação do sujeito em termos interpessoais (relação com os outros), intrapsíquicos (relação consigo próprio) e universais-espirituais (relação com a vida e com o transcendente). Em Portugal, existe uma enorme diversidade de instrumentos adaptados de avaliação do indivíduo, com diversos focos, como, por exemplo, personalidade (e.g., Inventário da Personalidade NEO-PI-R, Costa & McCrae, 1997, versão portuguesa de Lima & Simões, 2006) ou psicopatologia (e.g., BSI – Inventário de Sintomas Psicopatológicos, Derogatis, 1982, versão portuguesa de Canavarro, 2007). Contudo, parece haver uma escassez de medidas sistémicas e holísticas, isto é, capazes de avaliar o indivíduo enquanto um todo coerente, independentemente da sua inserção (ou não inserção) numa população clínica específica, sendo esta característica a mais-valia da CS. A escala de congruência (Lee, 2002b) constitui, assim, um instrumento promotor de uma avaliação do funcionamento global do sujeito e do seu grau de adaptabilidade desenvolvimental, através de uma perspetiva despatologizadora do (dis)funcionamento humano.

Estudos de tradução e adaptação

Após o pedido formal de autorização junto da autora da versão original da CS para tradução e adaptação da escala, iniciou-se o processo de tradução-retroversão (Gjersing, Caplehorn, & Clausen, 2010), em junho de 2011. Para tal, dois tradutores fluentes em português e com boa compreensão do inglês, realizaram, de modo independente, a tradução da escala para a língua portuguesa. De seguida, um terceiro tradutor com competências linguísticas semelhantes procedeu a uma tradução que compatibilizasse, nos aspetos divergentes, as duas traduções anteriores (tradução conciliadora). De modo semelhante, o processo de retroversão foi concretizado por dois tradutores independentes, com inglês fluente e boa compreensão do português e por um terceiro tradutor, com competências linguísticas semelhantes, responsável pela versão que resolveu as diferenças entre as duas primeiras retroversões (retroversão conciliadora). Comparou-se a retroversão conciliadora com a versão original da escala e foram efetuados alguns ajustes na tradução conciliadora de modo a fazer coincidir a retroversão final com a escala original. Posteriormente, procedeu-se ao estudo preliminar da escala, com vista à validação semântica da mesma, bem como à exploração de alguns indicadores do comportamento psicométrico na população portuguesa. Nesse sentido, 30 participantes preencheram a escala, tendo em atenção eventuais erros, desadequações ou ambiguidades na formulação dos itens. Alguns itens, cujo conteúdo remete para os conceitos espírito e/ ou universo foram fortemente contestados pelos participantes, conduzindo à sua reformulação. Este facto pode dever-se à "estranheza" sentida face a estas ideias na nossa cultura, muito marcada por uma restrição da espiritualidade a Deus ou à religião Católica. Após a reformulação da escala, foi solicitado à autora um parecer sobre o processo (de tradução, retroversão e estudo preliminar) anteriormente descrito, havendo total concordância por parte da mesma.

Obtida a versão traduzida iniciaram-se os estudos de adaptação da CS em outubro de 2011. Desenvolveu-se um o protocolo de investigação que continha, para além da CS, um questionário de dados sociodemográficos e duas medidas de validade concorrente: 1) o *Systemic Clinical Outcome and Routine Evaluation*–15 (SCORE-15)[1] (Stratton, Bland, Janes, & Lask, 2010; tradução de Relvas, Vilaça, Sotero, Cunha & Portugal, 2010 e versão portuguesa de Vilaça, Silva, & Relvas, *in press*), um instrumento de auto-resposta que avalia o funcionamento familiar através de 15 itens que se distribuem por três dimensões - Forças da Família, Comunicação Familiar e Dificuldades da Família - e de cinco questões que se reportam à rotina da família, à natureza e impacto dos problemas familiares e possíveis necessidades terapêuticas; o sujeito avalia de que modo é que cada item descreve a sua família, através de uma escala de *Likert* de 5 pontos (de "Descreve-nos Muito Bem" a "Descreve-nos Muito Mal"), correspondendo uma maior pontuação a maiores dificuldades familiares; e 2) o Qualidade de Vida (QOL) (Olson & Barnes, 1982; tradução de Relvas et al., 2008 e versão portuguesa de Simões, 2008) que avalia a perceção da qualidade de vida familiar, através de 40 itens, representativos de 11 dimensões: Bem-Estar Financeiro, Tempo, Vizinhança e Comunidade, Casa, *Mass Media*, Relações Sociais e Saúde, Emprego, Religião, Família e Conjugalidade,

---

[1] Instrumento apresentado no capítulo 1.

Filhos, e Educação, o sujeito responde aos itens segundo uma escala de *Likert* de 5 pontos (de "Insatisfeito" a "Extremamente satisfeito").

Para se proceder à constituição da amostra, foi considerado o critério de um rácio mínimo (sujeitos:itens) de 5:1 para a realização de análises fatoriais (Wong, Tong, Silva, Abrishami, & Chung, 2009), uma vez que se trata do procedimento analítico que no estudo emerge como o mais crítico para a escolha do tamanho mínimo da amostra. Atendendo aos 38 itens da CS, esta condição impunha um limite mínimo de 190 participantes. No entanto, a amostra recolhida é composta por 254 participantes. Consideraram-se, ainda, os seguintes critérios de inclusão/ exclusão: a) idade dos sujeitos compreendida entre os 18 e os 60 anos, b) nacionalidade portuguesa, e c) saber ler e escrever. A folha de rosto do protocolo de investigação continha a apresentação e os objetivos do estudo, instruções de preenchimento (e.g., solicitação de respostas sinceras e claras; preenchimento integral de todos os instrumentos) e esclarecimentos relativos ao caráter confidencial, anónimo e voluntário da participação. Devido a este último facto, os participantes não assinaram qualquer tipo de declaração de consentimento informado (APA, 2002). No caso do recrutamento presencial, esta informação, para além de se encontrar escrita na primeira página do protocolo foi, também, apresentada e discutida com todos os participantes. A administração presencial do protocolo de investigação ocorreu em locais escolhidos pelos participantes (e.g., domicílio, local de trabalho), garantindo-se, dentro do possível e razoável, contextos favoráveis ao desempenho das tarefas solicitadas.

A maioria dos participantes (n = 212, 83.5%) foi recrutada através da rede de pessoas conhecidas de um dos autores (método "bola de neve") e cerca de um quinto (n = 42; 16.5%) a partir de uma recolha *on-line*. Não se verificaram diferenças estatisticamente significativas entre as duas formas de recrutamento, quer no que respeita à CS, $t(252)$ = -1.257, ns, como nas demais medidas de validade convergente (SCORE-15 e QOL), para as quais se obtiveram, respetivamente, $t(85)$ = 1.278, ns e $t(248)$ = 0.507, ns.

O recrutamento dos participantes estendeu-se até ao final do primeiro trimestre de 2012 e deste processo resultou uma amostra composta por 254 sujeitos, maioritariamente do sexo feminino (61.4%). A média de idades é 34.09 (*DP* = 12.42) e a faixa etária mais predominante é 18-25 anos

(35.4%). A escolaridade dos participantes é muito diversificada sendo a licenciatura a mais comum (29.9%). Quanto ao estado civil, a maioria é solteira (50.0%) ou casada (41.7%). De acordo com a classificação de Simões (1994), os sujeitos pertencem maioritariamente ao Nível Socioeconómico (NSE) médio (60.2%). Segundo o Instituto Nacional de Estatística (INE, 2012) residem, maioritariamente, em áreas predominantemente urbanas (APU = 83.1%) (4 não respostas), pertencendo os restantes a áreas predominantemente rurais (APR) (cf. Quadro 2).

Quadro 2.
Caracterização da amostra

		Frequência (*n*)	Percentagem (%)
Sexo	Masculino	98	38.6
	Feminino	156	61.4
Faixa etária	18-25	90	35.4
	26-30	39	15.4
	31-39	38	15.0
	40-49	44	17.3
	50-60	43	16.9
Escolaridade	1° Ciclo do ensino básico	31	12.2
	2° Ciclo do ensino básico	5	2.0
	3° Ciclo do ensino básico	3	1.2
	Secundário incompleto	34	13.4
	Secundário completo	68	26.8
	Curso profissional	17	6.7
	Bacharelato	1	0.4
	Licenciatura	76	29.9
	Mestrado	18	7.1
	Doutoramento	1	0.4
Estado civil	Solteiro	127	50.0
	Casado	106	41.7
	União de facto	9	3.5
	Divorciado	8	3.1
	Viúvo	4	1.6
NSE	Baixo	87	34.3
	Médio	153	60.2
	Elevado	14	5.5
Residência	APU	211	83.1
	APR	39	15.4

Estudos preliminares

Começou por realizar-se um estudo da consistência interna da CS, através do índice alfa de Cronbach (contemplando os 38 itens que integram a escala), tendo-se obtido um índice de fiabilidade razoável (α = .79) (Pestana & Gageiro, 2008). Todavia, um exame mais detalhado, tanto das correlações corrigidas item-total, bem como dos valores dos coeficientes alfa corrigidos, mostrou que vários itens apresentavam um comportamento psicométrico desajustado. A análise prosseguiu com a eliminação desses itens (2, 7, 8, 11, 13, 16, 17, 20, 23 e 35), uma vez, que a sua exclusão incrementava a consistência interna da escala. Realizou-se uma nova análise da consistência interna (apenas incluindo os 28 itens restantes) tendo-se alcançado um bom nível de fiabilidade (α = .86) (Pestana & Gageiro, 2008). Procedeu-se de seguida à realização de uma AFE nos 28 itens apurados na etapa precedente. Para a extração de fatores, utilizou-se o método de componentes principais (CP). Desta análise resultaram 7 fatores, que explicavam 62.8% da variância total, com os seguintes valores próprios: 6.94 (Fator 1), 3.68 (Fator 2), 1.87 (Fator 3), 1.53 (Fator 4), 1.30 (Fator 5), 1.15 (Fator 6), e 1.11 (Fator 7). Porém, o critério de Kaiser tende a reter um número elevado de fatores, pelo que deve ser complementado por outras técnicas mais fiáveis, por forma a tornar o processo de extração de fatores mais adequado. Neste caso, recorremos ao método de Análise Paralela (PA) de Horn, um procedimento que tem recebido uma crescente aprovação da parte dos especialistas (e.g., Ferrando & Aguiano-Carrasco, 2010; Tinsley & Tinsley, 1987). A aplicação desta técnica revelou que só os primeiros 4 componentes apresentam valores próprios superiores aos valores de critério correspondentes, obtidos numa matriz de dados com a mesma dimensão gerada aleatoriamente (28 variáveis x 254 respondentes), com 100 réplicas. Face aos resultados obtidos executámos de seguida uma nova AFE, embora agora forçássemos a extração de somente quatro fatores. O método CP foi novamente usado para a extração dos fatores, mas a solução fatorial inicial foi posteriormente transformada através de uma rotação Varimax, com o objetivo de obtermos uma estrutura simples. A solução obtida explicava 50.1% da variância total. Os valores de variância explicada por cada um dos fatores foram 20.5%, 10.9%, 10.5% e 8.2%, respetivamente. No primeiro fator, sete itens apresentavam cargas fatoriais superiores a .35, oito no segundo, nove no terceiro e seis no quarto. A solução fatorial resultante revelou-se demasiado ambígua, isto é, 8 itens revelaram-se fatorialmente complexos, apresentando cargas salientes em mais do que um fator e 4 itens não revelaram correlações salientes em nenhum dos fatores extraídos. Para além disso, esta estrutura fatorial não fazia sentido teoricamente, ou seja, não apresentava qualquer coincidência com os três fatores sugeridos pela autora. Face a este problema, com o objetivo de aproveitar os itens que se revelaram promissores para medir a congruência, realizou-se um estudo mais detalhado das propriedades estatísticas dos itens, tendo em consideração as linhas de orientação sugeridas por Meir e Gati (1981), nomeadamente a) cálculo da média de correlações entre o item Xi e cada um dos itens que pertencem ao mesmo fator de Xi e consequente identificação dos itens com média de correlações mais baixa dentro de cada fator; b) cálculo da média de correlações entre o item Xi e os itens dos fatores a que Xi não pertence e decorrente identificação dos itens com média de correlações mais elevadas com os itens de outros fatores; e c) eliminação dos itens identificados nos passos anteriores. Deste processo resultou um conjunto provisório de 16 itens com potencial interesse para a futura versão portuguesa da escala: 1, 4, 6, 9, 10, 14, 15, 19, 21, 22, 25, 26, 31, 34, 37, 38. Este conjunto foi sujeito a nova análise fatorial exploratória (AFE).

Estudos de validade interna: Análise fatorial exploratória (AFE) e análise fatorial confirmatória (AFC)

Para se realizar a AFE do conjunto reduzido/depurado de itens, uma vez verificados os critérios de adequabilidade dos dados para esse efeito (KMO = .87; $\chi2(120) = 1988.64$, $p = .00$), utilizou-se o método de extração de fatores em componentes principais (CP). Desta análise resultaram

3 fatores, que explicavam 58.48% da variância total dos dados com os seguintes valores próprios: 5.09 (Fator 1), 3.11 (Fator 2), e 1.15 (Fator 3). De acordo com o referido anteriormente (problemas associados à utilização do critério de Kaiser), fez-se novamente uma estimação com base na PA de Horn (16 variáveis x 254 respondentes), com 100 réplicas, cujos resultados mostraram que só os primeiros 2 componentes apresentam valores próprios superiores aos valores de critério correspondentes. Assim, realizou-se uma análise fatorial, forçada à extração de 2 fatores, seguida de rotação Varimax (cf. Quadro 3).

O primeiro fator explica 31.7% da variância dos dados e o segundo fator explica 19.6%, perfazendo um total de variância explicada de 51.3% (cf. Quadro 3).

O Fator 1 (Espiritual/Universal) é composto por 7 itens (itens 4, 15, 19, 21, 22, 37 e 38), todos eles pertencentes à dimensão espiritual/universal prevista, em termos teóricos, para a escala original. Já o segundo Fator (Intra/Interpessoal) reúne itens das outras duas dimensões teoricamente previstas – interpessoal (itens 1, 25 e 26) e intrapsíquica (itens 6, 9, 10, 14, 31 e 34). Este Fator (Intra/Interpessoal) reflete o pressuposto teórico de que os diferentes componentes da dimensão intrapsíquica interagem reciprocamente influenciando os comportamentos e a comunicação humana (dimensão interpessoal) (Satir et al., 1991). O estudo de validação realizado pela autora (Lee, 2002b) também identificou dois fatores com esta natureza, no entanto, para além destes, foram identificadas mais duas dimensões (Criativa e Comunal). Esta diferença pode ser atribuída, para além dos aspetos culturais, à utilização de diferentes métodos de rotação. No presente estudo, optou-se por uma rotação *Varimax* (e não *Quartimax*) uma vez que teoricamente não é expectável a dominância de um dos fatores.

Quadro 3.
Cargas fatoriais (loadings) dos itens da Escala de Congruência nos fatores (solução após rotação Varimax)

	Fator		
Item EC	I	II	h^2
1. Reajo de forma exagerada ...		**.446**	.214
4. O meu espírito está ligado ao espírito de Deus ...	**.854**	-.053	.735
6. Sinto-me culpado ...	-.180	**.700**	.661
9. Sei que tenho recursos para resolver os problemas ...	.076	**.442**	.653
10. Aceito o meu passado	.118	**.515**	.516
14. Culpo-me ...		**.594**	.606
15. Relaciono-me com Deus	**.905**		.822
19. Aprecio o mistério da Vida ... parte de mim	**.908**		.828
21. Aprecio o mistério da Vida ... maior do que eu	**.814**	-.080	.668
22. Tenho uma imagem positiva de Deus	**.859**	.097	.754
25. Sinto-me tenso	-.071	**.447**	.206
26. ... ser culpa minha se alguém não está feliz		**.694**	.482
31. Estou em conflito comigo ...	.107	**.734**	.581
34. Duvido de mim ...	.118	**.599**	.375
37. Confio na bondade de Deus ...	**.907**	.124	.841
38. Há uma força vital ...	**.625**	.135	.415
% Variância total explicada	31.681	19.601	

Nota. Cargas fatoriais (*loadings*) ≥ .35 assinaladas a negrito. *N* = 254.

Para obtermos as estatísticas de ajustamento para os resultados da análise fatorial exploratória, realizámos uma AFC do modelo resultante dos passos anteriores: 2 fatores relacionados entre si – Fator 1 (Espiritual/ Universal - itens 4, 15, 19, 21, 22, 37 e 38) e Fator 2 (Intra/Interpessoal - itens 1, 6, 9, 10, 14, 25, 26, 31 e 34). Este modelo apresentou, em geral, índices de ajustamento adequados - $\chi2$ = 185.602 (p < .001), $\chi2$/df = 1.875, *CFI* = .954, *GFI* = .919, *RMSEA*: .059 (Lo = .05, Hi = .07) - uma vez que $\chi2$/df é inferior a 5, os índices de *CFI* e *GFI* são superiores a .90 e *RMSEA* é inferior a .10 (Byrne, 2001; Maroco, 2010). Para se obter este ajustamento final foram necessárias algumas modificações sugeridas pelos índices de modificação. Note-se que apenas se realizaram alterações quando o índice de modificação era elevado e simultaneamente correspondia a uma alteração teoricamente plausível. Por exemplo, acrescentou-se uma correlação entre os erros do item 6 (Sinto-me culpado(a) com facilidade) e 14 (Culpo-me quando as coisas correm mal). Teoricamente, facilmente se aceitam as alterações sugeridas, uma vez que o conteúdo dos itens remete para aspetos que se encontram visivelmente associados (neste caso a culpa).

Associação entre subescalas

As duas subescalas não se encontram relacionadas de forma estatisticamente significativa ($r = .05$, ns), levando-nos a considerar que na sua versão portuguesa a CS é composta por duas subescalas independentes (Espiritual/Universal e Intra/Interpessoal).

Estudo de validade convergente

Utilizaram-se duas medidas de validade convergente – SCORE-15 e QOL. Verificou-se que apenas o Fator 2 (Intra/Interpessoal) se apresenta associado, de forma estatisticamente significativa, ao SCORE-15, através de uma correlação fraca negativa com o SCORE-15 (pontuação total) ($r = -.27$, $p < .05$) (Pestana & Gageiro, 2008). Estes resultados estão de acordo com o esperado no que respeita à associação entre o SCORE-15 e o Fator 2 (Intra-Interpessoal), pelo menos em termos de direção da associação (uma vez que a sua força é baixa). Ou seja, quanto melhores os níveis de congruência Intra/Interpessoal, menores são as dificuldades familiares apresentadas e vice-versa. Em termos do QOL (pontuação total), seria esperada, atendendo aos estudos originais (Lee, 2002b), uma associação estatisticamente significativa positiva que não se verificou. Assim parece que, na presente amostra, a congruência não se relaciona com a perceção da qualidade de vida familiar dos participantes.

Estudos de precisão: Análise dos itens, consistência interna

O primeiro fator apresenta uma consistência interna muito boa ($\alpha = .93$) e o segundo razoável ($\alpha = .75$) (Pestana & Gageiro, 2008). A correlação item-total indica uma adequada capacidade discriminante de todos os itens (> .30) (Wilmut, 1975). Este índice de discriminação varia entre .43 e .61 no primeiro fator e entre .30 e .50 no segundo.

Estudo da CS numa amostra de jogadores patológicos

A versão portuguesa da CS e as medidas de validade convergente (SCORE-15 e QOL) foram posteriormente aplicadas a uma amostra de jogadores patológicos (dependentes de jogo a dinheiro), oriundos de uma população não clínica (Cunha, Portugal, Major, Carvalho, & Relvas, submetido para publicação). Utilizou-se o método de recrutamento bola-de-neve, presencialmente e *online*. A maioria foi recrutada presencialmente ($n = 22$, 68.8%). Dos 32 participantes, 20 eram do sexo masculino (62.5%) e 12 do sexo feminino (37.5%). A média de idades foi igual a 32.30 anos ($DP = 11.20$), a maioria dos sujeitos não eram casados (solteiros, divorciados ou viúvos) ($n = 25$, 78.1%), tinham o ensino secundário completo ou licenciatura ($n = 21$, 65.6%), mais de um terço eram estudantes ($n = 13$, 40.6%) e residiam em áreas predominantemente urbanas ($n = 26$, 81.3%).

A AFC revelou índices de ajustamento pouco adequados - $\chi2 = 138.360$ ($p = .008$), $\chi2/df = 1.370$, *CFI* = .839, *GFI* = .699, *RMSEA*: .109 (Lo = .58, Hi = 1.52) - uma vez que apesar de $\chi2/df$ ser inferior a 5, os índices de *CFI* e *GFI* são inferiores a .90 e *RMSEA* é ligeiramente superior a .10 (Byrne, 2001; Maroco, 2010). No entanto, estes valores devem ser relativizados dado o reduzido tamanho da amostra ($N = 32$) e a tendência para alguns dos índices referidos aumentarem com o tamanho da mesma (Maroco, 2010).

Em termos de validade convergente não se verificaram quaisquer associações, estatisticamente significativas, entre a CS (e suas dimensões) e as duas medidas de validade convergente (QOL e SCORE-15) ($p > .05$). Portanto, nesta amostra de jogadores patológicos a congruência não se relaciona com a qualidade de vida, nem com as dificuldades familiares.

Quanto à consistência interna, o primeiro fator apresenta uma consistência interna muito boa ($\alpha = .93$) e o segundo insatisfatória ($\alpha = .59$)

(Pestana & Gageiro, 2008). A correlação item-total indica uma adequada capacidade discriminante da maioria dos itens (> .30) (Wilmut, 1975), excetuando os itens 9, 10, 14, 26. Este índice de discriminação varia entre .46 e .85 no primeiro fator e entre -.11 e .56 no segundo. As duas subescalas não se encontram relacionadas de forma estatisticamente significativa (r = .17, ns), reiterando a independência das duas subescalas.

3. Aplicação
Como aplicar, cotar e interpretar?

O material necessário para a aplicação da CS é apenas a versão em papel do questionário e uma caneta. A aplicação da CS requer que o sujeito cote cada um dos 16 itens no que diz respeito aos seus pensamentos e sentimentos acerca da sua relação com a vida, consigo próprio e com os outros. Os itens são cotados numa escala de tipo *Likert*, de 1 (Discordo fortemente) a 7 (Concordo fortemente), com base na experiência da semana passada, incluindo o dia do preenchimento. O cálculo do resultado total e respetivas subescalas implica a inversão da cotação de diversos itens, mais concretamente os itens 1, 3, 6, 11, 12, 13 e 14. Posteriormente, os itens abrangidos por cada subescala (ou totalidade) são somados.

O estudo que aqui se apresenta permitiu calcular os primeiros valores de referência. Assim, apresentam-se no Quadro 4 as médias e desvios--padrão para o resultado total da CS e das suas respetivas duas subescalas para a totalidade da amostra e considerando o sexo dos respondentes.

Quadro 4.
Valores de referência CS: Amostra total e por sexo

Resultados CS	Amostra Total ($N = 254$)		Sexo Masculino ($n = 98$)		Sexo Feminino ($n = 156$)	
	M	DP	M	DP	M	DP
Fator 1 (Universal/Espiritual)	39.30	10.34	39.98	10.58	39.51	10.21
Fator 2 (Intra/Interpessoal)	50.46	8.46	52.54	7.25	49.15	8.91
Total CS	78.41	10.36	80.51	9.14	77.10	10.88

Passando para a interpretação dos resultados quer total, quer das duas subescalas, podemos inferir que quanto maiores forem os resultados da escala total e das subescalas maior será a congruência, ou seja, mais adaptativa será a relação que o indivíduo estabelece com a vida (dimensão Espiritual/Universal), consigo próprio e com os outros (dimensão Intra/Interpessoal).

4. Vantagens, limitações e estudos futuros

A versão portuguesa da CS constitui uma medida de congruência válida e fiável, enriquecedora do leque de instrumentos de avaliação, disponíveis em Portugal (para a população geral). Permite avaliar o funcionamento global do indivíduo, numa perspetiva relacional (com a vida, o próprio e os outros) e despatologizadora do (dis)funcionamento humano. Uma melhor congruência corresponde a um funcionamento mais adaptativo do indivíduo, pelo que a sua avaliação pode ser um indicador a considerar na prática clínica e científica, por exemplo, como medida dos resultados terapêuticos, sobretudo quando o processo terapêutico apresenta um alinhamento com os princípios do Modelo de Satir (Lee, 2002b). Pode ser igualmente útil para comparar a espiritualidade, aspeto com um interesse crescente na prática terapêutica, com outras dimensões do funcionamento (Lee, 2002b). As limitações deste estudo de adaptação da CS prendem-se, sobretudo, com as características da amostra (amostra não probabilística de conveniência e não estratificada e de dimensão relativamente reduzida). Para além destas, o estudo da CS realizado numa amostra de jogadores patológicos, revelou resultados pouco satisfatórios, sugerindo a necessidade de se realizarem outros estudos com amostras de jogadores patológicos, de maior dimensão, averiguando a necessidade de adaptação da estrutura fatorial da escala.

Futuramente será importante desenvolver estudos que analisem a influência de diferentes religiões na avaliação da congruência através da CS, em particular no que respeita à dimensão Espiritual/Universal. Pode igualmente ser útil analisar o desempenho da CS: a) em outras populações específicas (e.g., cônjuges de jogadores patológicos), b) em diferentes culturas, à semelhança de estudos que têm vindo a ser desenvolvidos em outros países (e.g., China), e c) como medida dos resultados terapêuticos. Poderia, ainda, constituir uma mais-valia a elaboração e estudo de novos itens para uma escala de congruência compiladora das três dimensões teoricamente apontadas, otimizando as suas caraterísticas psicométricas, como por exemplo, a validade concorrente, obtendo, assim, uma ferramenta de avaliação que permita recolher mais informação acerca da congruência.

5. Bibliografia

American Psychological Association. (2002). *Ethical principles of psychologists and code of conduct.* Acedido em http://www.apa.org/ethics/code2002.html

Banmen, J. (2002). The Satir Model: Yesterday and today. *Contemporary Family Therapy: An International Journal, 24*, 7-22. doi:1014365304082

Byrne, B. M. (2001). Structural equation modeling with AMOS, EQS, and LISREL: Comparative approaches to testing for the factorial validity of a measuring instrument. *International Journal of Testing, 1*, 55-86. doi: org/10.1207/S15327574IJT0101_4

Canavarro, M. C. (2007). Inventário de Sintomas Psicopatológicos: Uma revisão crítica dos estudos realizados em Portugal. In M. Simões, C. Machado, M. Gonçalves & L. Almeida (Eds.), *Avaliação psicológica: Instrumentos validados para a população Portuguesa* (vol. III, pp. 305-331). Coimbra: Quarteto .

Chan, P. (1996). The application of the Satir Model of family therapy to the families in Hong Kong: A personal reflection. *Contemporary Family Therapy, 18*(4), 489-505.

Costa, P. T., Jr., & McCrae, R. R. (1997). Stability and change in personality assessment: The Revised NEO Personality Inventory in the year 2000. *Journal of Personality Assessment, 68*, 86–94.

Cunha, D., Portugal, A., Major, S., Carvalho, M, & Relvas, A. P. (submetido para publicação). *Pathological gambling, psychopathology and family variables in a non-clinical sample.*

Cunha, D., Silva, J., Vilaça, A., Gonçalves, S., & Relvas, A. P. (*in press*). Escala de Congruência (EC): Estudos de adaptação para a população portuguesa. *Revista Iberoamericana de Diagnóstico y Evaluación – e Avaliação Psicológica.*

Derogatis, L.R., & Spencer, P.M. (1982). *Administration and procedures: BSI. Manual I.* Baltimore, MD: Clinical Psychometric Research

Diener, E., Emmons, R. A., Larsen, R. J., & Griffin, S. (1985). The Satisfaction with Life Scale. *Journal of Personality Assessment, 49*, 71-75. doi: 10.1207/s15327752jpa4901_13

Duhl, B. (1989). Virginia Satir: In memoriam. *Journal of Marital and Family Therapy, 15*(2), 109-110.

Ferrando, P. J., & Anguiano-Carrasco, C. (2010). El análisis factorial como técnica de investigación en psicologia. *Papeles del Psicólogo, 31*,18-33. Acedido em http://www.papelesdelpsicologo.es/pdf/1793.pdf

Gjersing, L., Caplehorn, J., & Clausen, T. (2010). Cross-cultural adaptation of research instruments: Language, setting, time and statistical considerations. *BMC Medical Research Methodology, 10*(13), 101-110. doi: 10.1186/1471-2288-10-13

Haber, R. (2002). Virginia Satir: An integrated, humanistic approach. *Contemporary Family Therapy, 24*(1), 23-34.

Instituto Nacional de Estatística (INE). (2012). *Censos 2011: Resultados definitivos.* Lisboa: INE.

Lambert, M., Burlingame, G., Umphress, V., Hansen, N., Vermeersch, D., Clouse, G., & Yanchar, S. (1996). The reliability and validity of the Outcome Questionnaire. *Clinical Psychology and Psychotherapy, 3*(4), 249-258. doi: 10.1002/(SICI)1099-0879(199612)3:4<249::AID--CPP106>3.0.CO;2-S

Lambert, M., Okiishi, J., Finch, A., & Johnson, L. (1998). Outcome assessment: From conceptualization to implementation. *Professional Psychology: Research and Practice, 29*, 63-70. doi:10.1037//0735-7028.29.1.63

Lee, B. K. (2001). *The religious significance of the Satir Model: Philosophical, ritual, and empirical perspectives* (Doctoral dissertation, University of de Ottawa, Canada). Acedido em https://www.uleth.ca/dspace/bitstream/handle/10133/570/Satir_and_Tillich.pdf%3Fseq

Lee, B. K. (2002a). Congruence in Satir's Model: Its spiritual and religious significance. *Contemporary Family Therapy: An International Journal, 24*, 57-78. doi:1014321621829

Lee, B. K. (2002b). Development of a Congruence Scale based on the Satir Model. *Contemporary Family Therapy: An International Journal, 24*, 217-239. doi:1014390009534

Lee, B. K. (2009). Congruence couple therapy for pathological gambling. *International Journal of Mental Health and Addiction, 7*, 45-67. doi: 10.1007/s11469-007-9137-x

Lima, M., & Simões, A. (2006). Inventário de Personalidade NEO revisto (NEOPI- R). In M. Gonçalves, L. Almeida, M. Simões, & C. Machado (Eds.), *Avaliação psicológica: Instrumentos validados para a população Portuguesa* (pp. 15-32). Coimbra: Quarteto.

Maroco, J. (2010). *Análise de equações estruturais.* Lisboa: Escolar.

Meir, E. I., & Gati, I. (1981). Guidelines for item selection in inventories yielding score profiles. *Educational and Psychological Measurement, 41*(4), 1011-1016. doi: 10.1177/001316448104100409

Pestana, M. H., & Gageiro, J. (2008). *Análise de dados para ciências sociais - A complementaridade do SPSS* (5ª ed.). Lisboa: Sílabo.

Rogers, C. (1985). *Tornar-se Pessoa* (7ª ed.). Lisboa: Moraes.

Satir, V., Banmen, J., Gerber, J., & Gomori, M. (1991). *The Satir model: Family therapy and beyond.* Palo Alto, CA: Science and Behavior Books.

Simões, J. (2008). *Qualidade de Vida: Estudo de validação para a população portuguesa.* Dissertação de Mestrado Integrado (não publicada), Faculdade de Psicologia e de Ciências da Educação da Universidade de Coimbra, Portugal.

Simões, M. (1994). *Investigação no Âmbito da Aferição Nacional do Teste das Matrizes Progressivas Coloridas de Raven (M.P.C.R.).* Dissertação de Doutoramento (não publicada), Faculdade de Psicologia e de Ciências da Educação da Universidade de Coimbra, Portugal.

Stratton, P, Bland, J., Janes, E., & Lask, J. (2010) Developing a practicable outcome measure for systemic family therapy: The SCORE. *Journal of Family Therapy, 32*, 232-258.

Tam, E. (2006). Satir Model of family therapy and spiritual direction. *Pastoral Psychology, 54*(3), 275-287. doi: 10.1007/s11089-006-6327-6

Tinsley, A., & Tinsley, J. (1987). Uses of factor analysis in counseling psychology research. *Journal of Counseling Psychology, 34*, 414-424. doi: 10.1037//0022-0167.34.4.414

Vilaça, M., Silva, J., & Relvas, A. P. (*in press*). Systemic Clinical Outcome Routine Evaluation (SCORE-15). In Relvas, A. P., & Major, S. (Coords.), *Avaliação familiar: Funcionamento e intervenção* (Vol. I). Coimbra: Imprensa da Universidade de Coimbra.

Wilmut, J. (1975). Objective test analysis: Some criteria for item selection. *Research in Education, 13*, 27-56.

Wong, J., Tong, D., Silva, D., Abrishami, A., & Chung, F. (2009). Development of the functional recovery index for ambulatory surgery and anesthesia. *Anesthesiology, 110*(3), 596-602. doi:10.1097/ALN.0b013e318197a16d

INTERVENÇÃO FAMILIAR

SISTEMA DE OBSERVAÇÃO DA ALIANÇA EM TERAPIA FAMILIAR VERSÃO OBSERVACIONAL (SOFTA-O)

Luciana Sotero

Ana Paula Relvas

"...because we believe that a good alliance *can* be seen..."
(Friedlander, Escudero, & Heatherington, 2006, p. 263)

Resumo

A versão Portuguesa do *System for Observing Family Therapy Alliances* (SOFTA; Friedlander, Escudero, & Heatherington, 2006), versão observacional (SOFTA-o), foi desenvolvida com o objetivo de fomentar a investigação e uma prática clínica melhor informada acerca da aliança terapêutica na terapia familiar. A partir deste sistema de codificação de comportamentos observáveis durante as sessões de terapia é possível avaliar a força da aliança terapêutica em duas dimensões comuns às diferentes modalidades terapêuticas (Envolvimento no Processo Terapêutico e Conexão Emocional com o Terapeuta) e em duas dimensões específicas das terapias conjuntas (Segurança Dentro do Sistema Terapêutico e Sentimento de Partilha de Objetivos na Família). As propriedades psicométricas do instrumento são evidenciadas em três estudos de fiabilidade (acordo interobservadores) e três estudos de validade (convergente, preditiva e grupos-conhecidos).

DOI: http://dx.doi.org/10.14195/978-989-26-0839-6_5

Os resultados alcançados são encorajadores da utilização da versão portuguesa do SOFTA-o na investigação, prática clínica e formação, treino e supervisão de terapeutas.

Palavras-chave: aliança terapêutica, SOFTA-o, comportamentos observáveis, estudos psicométricos.

Abstract

The Portuguese version of the *System for Observing Family Therapy Alliances* (SOFTA; Friedlander, Escudero, & Heatherington, 2006), observational version (SOFTA-o), was developed in order to promote research and a clinical practice better informed about the therapeutic alliance in family therapy. With this coding system of observable behaviors during therapy sessions it is possible to assess the strength of the therapeutic alliance in two dimensions that are common across therapy modalities (Engagement in the Therapeutic Process and Emotional Connection to the Therapist) and two specific dimensions of conjoint therapies (Safety Within the Therapeutic Context and Shared Sense of Purpose within the Family). The psychometric support of the instrument is provided by three reliability studies (interobserver agreement) and three validity studies (convergent, predictive and known-groups). The results achieved encourage the use of the Portuguese version of SOFTA-o in research, clinical practice, training and supervision of therapists.

Keywords: therapeutic alliance, SOFTA-o, observational behaviors, psychometric studies.

1. Instrumento
O que é, o que avalia e a quem se aplica?

No Quadro 1 encontra-se a ficha técnica relativa ao *Sistema de Observação da Aliança em Terapia Familiar*, versão observacional (SOFTA--o; Friedlander, Escudero, & Heatherington, 2006).

Quadro 1.
Ficha técnica do SOFTA-o

O que é?	O *Sistema de Observação da Aliança em Terapia Familiar* é a versão portuguesa, para clientes e terapeutas, do *System for Observing Family Therapy Alliances* (SOFTA) publicado em 2006 por Friedlander, Escudero e Heatherington. O SOFTA é constituído por um conjunto de ferramentas: SOFTA-o (versão observacional), SOFTA-s (versão auto--resposta) e um programa informático (*e*-SOFTA) que facilita o treino de investigadores e clínicos na utilização do instrumento (Disponível em http://www.softa-soatif.com)
O que avalia?	O SOFTA versão observacional (SOFTA-o) foi desenvolvido com o objetivo de avaliar a força da aliança terapêutica a partir de comportamentos observáveis durante as sessões de terapia familiar ou de casal. É constituído por 44 itens, ou descritores comportamentais, positivos e negativos, verbais e não verbais, que permitem estimar a força da aliança em quatro dimensões específicas: Envolvimento no Processo Terapêutico, Conexão Emocional com o Terapeuta, Segurança Dentro do Sistema Terapêutico e Sentimento de Partilha de Objetivos na Família

Estrutura do SOFTA-o

Subescala	Número Itens	Descrição
Envolvimento no Processo Terapêutico (ENV)	11	Reflete a cooperação e o envolvimento do cliente na terapia (e.g., "O cliente manifesta o seu acordo com as metas propostas pelo terapeuta")
Conexão Emocional com o Terapeuta (CE)	10	Retrata a forma como o cliente vê o terapeuta e a relação que tem com este (e.g., "O cliente partilha um momento de humor ou uma brincadeira com o terapeuta"

Segurança dentro do Sistema Terapêutico (SEG)	12	Representa a segurança que o cliente sente (ou não) para assumir riscos e falar abertamente na terapia (e.g., "O cliente revela um segredo ou algo que nenhum membro da família sabe")
Sentimento de Partilha de Objetivos na Família (SPO)	11	Avalia o sentimento de unidade e de colaboração no seio da família face ao valor e propósito da terapia (e.g., "Os membros da família perguntam uns aos outros os pontos de vista de cada um")
A quem se aplica?	O SOFTA-o foi desenvolvido para ser utilizado durante a observação direta, ou a gravação em vídeo, de uma sessão de terapia familiar ou de casal (com um mínimo de dois participantes)	
Como ter acesso?	O acesso ao SOFTA-o (versão clientes e versão terapeutas) e ao Manual de Treino pode ser efetuado através da página http://www.fpce. uc.pt/avaliaçaofamiliar que contém todos os instrumentos de avaliação apresentados neste livro. Os utilizadores deverão facultar os contactos pessoais e institucionais, bem como dados acerca do propósito da utilização do SOFTA-o (e.g., investigação, prática clínica) e concordar com as condições de utilização e de partilha dos resultados com os autores da versão portuguesa	

Fundamentação e história

Décadas de investigação empírica acerca da aliança terapêutica permitem afirmar que esta é uma característica crucial da terapia (e.g., Goldfried, 1980; Luborsky, Singer, & Luborsky, 1975; Rogers & Wood, 1974). Segundo Horvath, Del Re, Flückiger e Symonds (2011), o interesse sustentado da comunidade científica na aliança terapêutica ficou provavelmente a dever-se à descoberta consistente de uma relação robusta entre a aliança e os resultados da terapia, em diferentes modalidades de intervenção e numa diversidade de clientes e problemas (e.g., Horvath & Bedi, 2002; Horvath & Symonds, 1991; Martin, Garske, & Davis, 2000).

Contudo, a maioria da investigação tem sido desenvolvida no contexto da terapia individual e pouco se sabe ainda acerca da construção e manutenção de uma aliança forte nas terapias conjuntas (i.e., na terapia familiar e de casal) (Friedlander et al., 2006). De facto, a falta de conhecimentos sobre a aliança em terapia familiar não é por acaso e está associada a uma dificuldade adicional nesta modalidade de terapia: compreendê-la e medi-la num sistema complexo multipessoal e multigeracional. Assim, para avaliar a aliança em terapia familiar e de casal é preciso atender a dimensões que são comuns às diferentes modalidades terapêuticas e que correspondem à conceptualização clássica de Bordin (1979); ligação afetiva entre cliente e terapeuta e acordo entre ambos sobre os objetivos e tarefas da terapia, mas também requer atenção a dimensões que refletem a singularidade das terapias conjuntas. Apesar das componentes da aliança anteriormente referidas (Bordin, 1979) fazerem sentido na terapia individual, no contexto particular da terapia familiar as relações desenvolvidas não são limitadas ao binómio cliente-terapeuta.

Pinsof (1994, 1995; Pinsof & Catherall, 1986) foi pioneiro na investigação e conceptualização sistémica da aliança terapêutica, tendo sido o primeiro autor a descrever a causalidade recíproca da aliança na intervenção familiar, argumentando que esta é mais do que o resultado da soma das alianças individuais (*The whole is more than the sum of its parts*; Bertalanffy, 1972, p. 417). Na terapia familiar e de casal todos os clientes observam a interação dos restantes com o terapeuta, o que gera um sistema complexo de influências recíprocas, enquanto na abordagem terapêutica individual a relação entre cliente e terapeuta é apenas bidirecional. Isto significa que a aliança do terapeuta com cada um dos elementos afeta e é afetada pela aliança que estabelece com todos os outros elementos da família. Durante a sessão, cada cliente observa de perto como os outros membros da família falam e interagem com o terapeuta, o que pode determinar o sucesso ou o fracasso do trabalho conjunto (*Não apenas a parte está no todo como o todo está na parte*; Morin, 1991, p. 90).

Outro aspeto relevante no estudo da aliança nas terapias conjuntas, diz respeito à aliança estabelecida no seio da própria família, descrita na literatura inicialmente como "aliança dentro-da-família" (*within-family aliance*, Pinsof, 1994), posteriormente como "lealdade" (*allegiance*, Symonds & Horvath, 2004) e mais recentemente como "sentimento de partilha de objetivos dentro da família" (*shared sense of purpose within the family*, Friedlander et al., 2006). Esta dimensão não se refere apenas ao desejo de colaborar no tratamento, mas também a uma ligação forte entre os membros da família. Na terapia individual a força da aliança depende exclusivamente das contribuições mútuas do cliente e terapeuta. Porém, no contexto das terapias familiares deve ser considerada a partir de uma visão sistémica, isto é, depende não apenas da relação entre os clientes e o terapeuta mas também das inter-relações entre os próprios clientes (Falloon, 1991). Neste sentido, vários estudos têm demonstrado que a família ou o casal são a unidade mais influente em termos de motivação para a mudança, colocando a mudança em marcha (Pinsof, 1994) e influenciando os resultados terapêuticos finais (Knobloch-Fedders, Pinsof, & Mann, 2004; Robbins, Turner, Alexander, & Perez, 2003; Symonds & Horvath, 2004).

A singularidade da aliança nas terapias conjuntas é ainda legitimada pela existência de um fenómeno único desse tipo de terapias designado por "alianças cindidas" (*slipt alliances*, Heatherington & Friedlander, 1990; Pinsof & Catherall, 1986) ou "alianças desequilibradas" (*unbalanced alliances*, Robbins et al., 2003), o que acontece quando os membros da família diferem significativamente nas suas atitudes face à terapia ou ao terapeuta. As alianças divididas ou cindidas são bastante frequentes na terapia com a família (Pinsof & Catherall, 1986; Robbins et al., 2003) e podem interferir profundamente no processo terapêutico (Heatherington & Friedlander, 1990; Muñiz de la Peña, Friedlander, & Escudero, 2009). A investigação mostra que as discrepâncias nas alianças dos clientes com o terapeuta podem interferir na terapia mais do que qualquer aliança individual considerada separadamente (Robbins et al., 2006; Robbins et al., 2003; Symonds & Horvath, 2004). Um caso particularmente difícil neste permanente balanceamento das alianças, diz respeito à terapia com famílias com filhos adolescentes, sendo frequente encontrar relações terapêuticas mais positivas com os pais do que com os filhos (Robbins et al., 2003), mas o contrário também é possível (Muñiz de la Peña et al., 2009), contribuindo, ambos os casos, para um risco acrescido de abandono da terapia (*dropout).*

É igualmente importante reconhecer que, para os clientes, os riscos de fazer uma terapia familiar são consideravelmente superiores do que fazer uma terapia individual, uma vez que a informação revelada nesta última modalidade pode não trazer consequências diretas na vida familiar (Friedlander et al., 2006). Em contrapartida, nas terapias conjuntas a partilha de informações novas no espaço terapêutico (e.g., segredos familiares, não ditos) pode resultar em consequências negativas para algum ou alguns dos membros da família e/ou na deterioração das relações, entre outros efeitos indesejáveis. Na terapia individual, é escolha do cliente o que revelar e quando, enquanto nas terapias conjuntas os clientes têm pouco ou nenhum controlo sobre o que os outros escolhem revelar (Escudero, Heatherington, & Friedlander, 2010; Friedlander et al., 2006). Assim, o que acontece nas sessões de terapia familiar pode ter consequências efetivas no sistema familiar, principalmente se o terapeuta não for capaz de gerir os conflitos que surgem durante a sessão. O grau de segurança sentido pelos elementos da família pode ainda mudar à medida que novos problemas são explorados e quando diferentes elementos se juntam ou deixam a terapia (Beck, Friedlander, & Escudero, 2006), flutuações estas às quais o terapeuta deve também estar atento.

Segundo Rait (2000), o maior desafio dos terapeutas familiares é construir e manter alianças terapêuticas a múltiplos níveis simultaneamente, isto é, com cada um dos elementos familiares, com os vários subsistemas (e.g., conjugal ou fraternal) e com a família como um todo. Estabelecer e gerir múltiplas alianças em simultâneo pode ser particularmente complexo por motivos diversos: a presença de diferentes níveis desenvolvimentais dos elementos familiares (e.g., crianças, adolescentes, adultos), os segredos e agendas ocultas (e.g., traições, desejo de separação conjugal), as histórias de conflitos e mal-entendidos, diferentes objetivos ou concepções distintas de como mudar e diferentes níveis motivacionais, sendo também frequente encontrar quem não queira estar na terapia (Friedlander et al., 2006; Rait, 2000; Sotero & Relvas, 2012).

Na terapia familiar e de casal, estas observações revelam que entre clientes e terapeutas é essencial uma ligação afetiva forte e um acordo mútuo acerca dos objetivos e tarefas da terapia, tal como acontece na terapia individual, mas os terapeutas familiares têm igualmente de prestar atenção a aspetos únicos e interrelacionados com esta modalidade terapêutica (Friedlander et al., 2006), nomeadamente o grau em que os membros da família concordam entre si sobre a necessidade, finalidade e valor da terapia (Pinsof, 1994; Rait, 2000); e o grau em que as pessoas se sentem seguras a discutir os problemas com outros membros da família (Christensen, Russell, Miller, & Peterson, 1998).

Neste sentido, a questão da conceptualização da aliança nas terapias conjuntas é também uma questão empírica, fazendo sentido questionar como se pode combinar a avaliação da aliança dos diferentes elementos familiares; como medir a aliança terapêutica dentro da família; ou se a aliança de alguns elementos familiares será mais importante do que a de outros.

Antes do *System for Observing Family Therapy Alliances* (SOFTA; Friedlander et al., 2006), os primeiros e únicos questionários de auto-resposta especificamente desenvolvidos para avaliar a aliança nas terapias conjuntas são da autoria de Pinsof e Catherall (1986): A *Couple Therapy Alliance Scale* (CTAS) e a *Family Therapy Alliance Scale* (FTAS), também designadas conjuntamente por *Integrative Psychotherapy Alliance Scales*. Estes questionários são baseados na operacionalização tripartida da aliança (Bordin, 1979) – três conteúdos distintos (objetivos, tarefas, ligação afetiva) – e em três dimensões interpessoais (terapeuta-cliente; terapeuta-família; terapeuta-subsistemas). Mais tarde, Pinsof (1994, 1995) acabou por acrescentar uma quarta dimensão interpessoal – a aliança dentro do próprio sistema: quer familiar (aliança entre os elementos familiares), quer terapêutico (aliança entre co-terapeutas, e/ou supervisores, equipa de observação, instituições). Recentemente, Pinsof, Zinbarg e Knobloch-Fedders (2008) desenvolveram uma versão reduzida das escalas (CTASr e FTASr), com vista a facilitar a sua utilização na prática clínica e investigação.

Um outro instrumento bastante utilizado na avaliação da aliança em terapia de casal é o *Working Alliance Inventory – Couples* (WAI-C; Symonds, 1998 citado em Friedlander et al., 2006; Symonds & Horvath, 2004). Contudo, este instrumento não foi especificamente criado para as terapias conjuntas, tendo sido adaptado a partir da sua versão original para a terapia individual (WAI; Horvath & Greenberg, 1986).

Para além da escassez de instrumentos nesta área, as escalas disponíveis são todas de auto-resposta, o que possibilita avaliar a aliança questionando clientes e/ou terapeutas, mas apenas permite aceder à perspetiva interna dos informadores sobre o que se passa na terapia. A maioria da investigação existente baseia-se assim em questionários que medem o processo intrapessoal da aliança, a partir de um ponto de vista individual, e pouco se sabe sobre quais os comportamentos de clientes e terapeutas que refletem a experiência da aliança durante a sessão. Em alternativa, as medidas observacionais surgem como particularmente úteis, neste contexto, ao refletirem o processo clínico e os fenómenos interpessoais (Escudero et al., 2010), permitindo avaliar, momento a momento, por parte de um observador externo, a aliança terapêutica através de comportamentos observáveis, dos clientes e terapeutas, à medida que o processo terapêutico decorre. Possibilitam ainda monitorizar, em tempo real, as flutuações da aliança e relacioná-las com as intervenções terapêuticas (e.g., reenquadramentos, conotações positivas, técnicas ativas) e os acontecimentos (e. g., discussões, revelações, ruturas) durante a sessão.

Na literatura atual há referência a dois sistemas observacionais de avaliação da aliança: 1) a *Vanderbilt Therapeutic Alliance Scale* (VTAS-R) adaptada ao contexto das terapias conjuntas por Diamond, Liddle, Hogue, e Dakof (1999), a partir da versão original criada para a psicoterapia individual; e 2) o *System for Observing Family Therapy Alliances* (SOFTA-o; Friedlander et al., 2006), o primeiro instrumento especificamente desenvolvido para observar os comportamentos que refletem a aliança, de clientes e terapeutas, no contexto particular das terapias conjuntas. O SOFTA-o surgiu da vontade de criar um modelo multidimensional da aliança que refletisse o que esta tem de comum com outras modalidades terapêuticas e de específico na terapia familiar e de casal.

O SOFTA-o versão clientes foi o primeiro a ser desenvolvido, com o objetivo de obter uma ferramenta que pudesse informar sobre os comportamentos dos clientes que contribuem para a força da aliança terapêutica. Inicialmente, para a construção do instrumento, os autores realizaram uma revisão teórica, clínica e empírica da literatura sobre a relação terapêutica em terapia familiar e de casal. Este processo, complementado pela extensa experiência clínica dos autores, resultou na identificação de um conjunto de indicadores comportamentais que ilustram tanto uma aliança positiva (e.g., "O cliente indica que se sente entendido ou aceite pelo terapeuta"), como negativa (e.g., "O cliente evita o contacto ocular com o terapeuta"). Estes descritores comportamentais foram então utilizados para criar uma primeira lista que ilustrasse diferentes aspetos e níveis diferenciados de participação e colaboração dos clientes nas terapias conjuntas. Na construção dos descritores foi tomado como critério essencial que se tratassem de comportamentos observáveis. Por exemplo, em vez da operacionalização "os membros da família estão interessados nos pontos de vista uns dos outros" utiliza-se o descritor "os membros da família perguntam uns aos outros sobre os pontos de vista de cada um".

Para afinar o inventário de descritores, uma equipa de quatro investigadores analisou 12 sessões de terapia familiar gravadas em vídeo, nas quais os clientes tinham preenchido as *Integrative Psychotherapy Alliance Scales* (Pinsof & Catherall, 1986). Conhecendo, portanto, a perspetiva de cada membro da família sobre a aliança, analisaram-se as gravações das sessões para identificar comportamentos interpessoais que pudessem ser claramente indicativos dos seus sentimentos e pensamentos acerca do que ocorria durante a sessão. Assim, foram-se refinando e editando os descritores, através de comparações sucessivas de cada uma das observações feitas. As discrepâncias serviram para clarificar os descritores e excluir aqueles que seriam especialmente difíceis de codificar ou pontuar.

Para criar as quatro dimensões do SOFTA, a equipa de investigadores começou por agrupar os descritores similares e nomear os *clusters* resultantes. Posteriormente, cada investigador, de forma independente, desenvolveu as definições dos constructos refletidos em cada *cluster*. Comparando e integrando as definições, os investigadores decidiram depois quais os descritores que, de forma lógica, se relacionavam com cada uma das dimensões. Um estudo piloto a este procedimento de codificação, com seis vídeos diferentes, mostrou que o processo era viável e resultou num bom nível de concordância interobservadores.

O passo seguinte foi estudar a validade facial (*face validity*) do instrumento através de uma tarefa de classificação (*sorting task*). Os 44 descritores resultantes do processo de análise prévio foram ordenados aleatoriamente, pedindo-se a um grupo de investigadores (N=24), dos Estados Unidos da América (EUA), Canadá e Espanha, peritos na análise do processo terapêutico em terapia familiar, para indicarem os descritores que refletiam melhor cada um dos quatro constructos subjacentes. Se pelo menos 75% dos especialistas que responderam à tarefa de classificação, selecionaram a mesma dimensão para um determinado descritor, esse descritor foi mantido entre os indicadores dessa mesma dimensão. Caso contrário, o descritor foi removido ou incluído numa dimensão diferente. Também foi pedido aos peritos que comentassem os descritores, com vista a incrementar a validade de conteúdo do SOFTA, designadamente, acrescentando outros descritores representativos de uma determinada dimensão. Os peritos espanhóis (N=7, investigadores e terapeutas familiares prestigiados) foram ainda convidados a comentar a adequação cultural dos descritores e das dimensões às características culturais dos clientes e terapeutas no contexto da terapia familiar espanhola. Os resultados desta tarefa de classificação indicaram um elevado grau de consistência e a maioria dos descritores comportamentais foi classificada como representante da dimensão que fora previamente selecionada. A maioria dos descritores foi classificada da mesma forma, por mais de 75% dos juízes em ambas as amostras, revelando uma boa consistência (versão Norte-Americana ks=.81 e versão Espanhola ks=.71; Friedlander, Escudero, Horvath et al., 2006). Um total de apenas cinco descritores foi eliminado por preencher os critérios relativos à obtenção de um consenso de 75% entre os juízes numa única amostra (apenas para os EUA ou apenas para Espanha). Nenhum dos descritores teve que ser eliminado por ser pouco apropriado em termos de diferenças culturais e apenas foram introduzidas algumas mudanças mínimas na definição ou tradução de alguns deles.

A versão do SOFTA-o para o terapeuta foi desenvolvida através de um processo semelhante (Friedlander et al., 2005). Começou-se por identificar um conjunto de descritores, alguns dos quais paralelos aos que tinham sido identificados para os clientes. Em seguida, realizou-se um estudo de validade de conteúdo através de uma prova de classificação dos descritores com especialistas espanhóis e norte-americanos. Com base nos resultados dessa classificação foram adicionados, modificados ou excluídos alguns descritores.

Para testar as qualidades psicométricas do SOFTA-o foram desenvolvidos a nível internacional vários estudos, nomeadamente cinco estudos de fiabilidade, uma análise fatorial exploratória e estudos correlacionais com vários índices do processo e dos resultados terapêuticos (Friedlander, Escudero, Horvath et al., 2006). O sistema de observação apresentou valores adequados de fiabilidade (correlações intra-classe de .72 a .95) e a validade de constructo foi demonstrada através de análise fatorial, validade grupos-conhecidos (*known-groups validity*) e validade preditiva (Friedlander, Escudero, Horvath et al., 2006). Apesar de a análise fatorial exploratória ter identificado apenas um fator (i.e. aliança terapêutica), os autores do instrumento optaram por manter a conceptualização da aliança atendendo às quatro dimensões já referidas, uma vez que as intercorrelações entre as dimensões apresentaram uma amplitude considerável (de .18 a .75), parecendo indicar que as quatro dimensões do SOFTA não são excludentes, apesar de refletirem um constructo unitário (Friedlander, Escudero, Horvath et al., 2006). Os diversos estudos de validade demonstraram que (1) os piores resultados terapêuticos estão associados a uma menor Segurança e um menor Sentimento de Partilha nas sessões iniciais (Beck et al., 2006); (2) pontuações altas no SOFTA-o estão associadas a pontuações favoráveis da aliança no *Self-Report Helping Alliance Questionnaire* de Luborsky, Crits--Cristoph, Alexander, Margolis, e Cohen (1983) (Friedlander et al., 2006), uma maior profundidade da sessão (Friedlander, Bernardi, & Lee, 2010) e melhorias no cliente (e.g., Escudero, Friedlander, Varela, & Abascal, 2008); e (3) mesmo alianças cindidas ligeiras (*split aliances*) podem ser observadas através do SOFTA-o (Muñiz de la Peña et al., 2009). Todavia, os autores do instrumento recomendam que sejam realizados estudos adicionais que possam confirmar estes resultados (Friedlander et al., 2006).

Segundo o modelo conceptual do SOFTA (cf. Figura 1), as quatro dimensões são úteis para a prática clínica e refletem a definição operacional da aliança: a Segurança dentro do Sistema Terapêutico e o Sentimento de Partilha de Objetivos na Família espelham as especificidades da terapia com múltiplos clientes; enquanto o Envolvimento no Processo Terapêutico e a Conexão

Emocional com o Terapeuta retratam as características comuns a todas as modalidades de tratamento (Bordin, 1979). De notar que estas dimensões não são mutuamente exclusivas. Assim, o sentido de segurança de um cliente está intimamente relacionado com a sua ligação emocional ao terapeuta e com o seu envolvimento na terapia. Tal como estas dimensões tendem a ser mais fortes quando toda a família está de acordo quanto às razões que os levam a estar na terapia e com o que esperam conseguir com a intervenção. Contudo, cada dimensão oferece informação específica e não redundante acerca da força da aliança terapêutica para um dado cliente ou família.

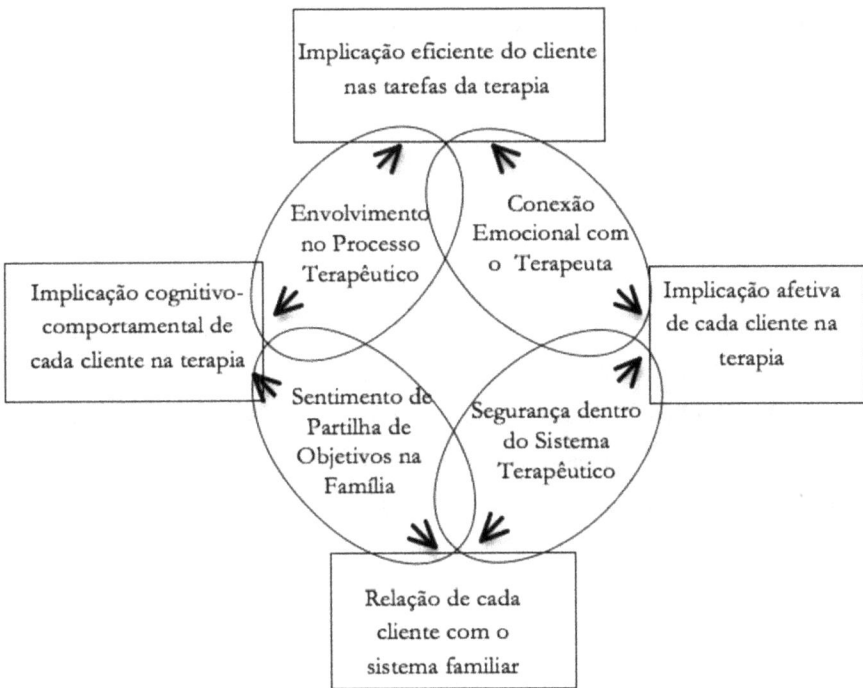

Figura 1. Inter-relações das dimensões do SOFTA. Adaptado de "La creación de la alianza terapêutica en la terapia familiar", de V. Escudero, 2009, *Apuntes de Psicologia*, 27, p. 255. Adaptado com permissão.

Resumindo, o SOFTA-o permite avaliar a força da aliança terapêutica a partir de comportamentos observáveis, baseando-se num modelo multidimensional e transteórico do constructo: a) *multidimensional* porque para além das quatro dimensões que definem operacionalmente a aliança, estão representados quer o sistema cliente, quer o sistema terapeuta, com dimensões que refletem as relações cliente-terapeuta (Envolvimento, Conexão Emocional) e dimensões que se reportam às relações dentro da família (Segurança, Partilha de Objetivos), tal como estão evidenciadas diferentes áreas do funcionamento, cognitivo-comportamentais (Envolvimento, Partilha de Objetivos) e afetivas (Segurança, Conexão Emocional); b) *transteórico* porque reflete aspetos da aliança que não são exclusivos de uma teoria particular de psicoterapia (e.g., psicanalítica, sistémica, cognitiva) ou de um modelo específico de terapia familiar (e.g., estrutural, estratégico, centrado nas soluções), sublinhando assim o caráter comum e transversal da aliança nas terapias.

2. Estudos em Portugal
Como foi desenvolvido/adaptado e validado?

O facto de o SOFTA-o ter resultado de uma profícua colaboração transatlântica, entre os EUA e Espanha, fizeram dele um instrumento particularmente interessante a explorar no nosso país. Portugal e Espanha são países vizinhos e as semelhanças entre os dois territórios tornaram atraente o objetivo de estudar o SOFTA-o na nossa prática clínica, investigação e formação/supervisão de terapeutas familiares, respondendo assim à necessidade premente de promover a pesquisa científica na área da terapia familiar sistémica.

Os trabalhos relativos ao desenvolvimento e aplicação da versão observacional portuguesa do SOFTA (Sotero, Portugal, Cunha, Vilaça, & Relvas, 2010) inserem-se no âmbito de um conjunto alargado de estudos efetuados entre 2010 e 2011. Os estudos aqui apresentados foram pioneiros e tiveram como objetivo proporcionar a utilização desta grelha de avaliação observacional da aliança terapêutica (versão clientes e versão terapeuta), explorando as suas propriedades psicométricas no que diz respeito à fiabilidade (e.g., acordo interobservadores) e validade (e.g., convergente e preditiva) (Relvas et al., 2010). Atualmente encontram-se em curso estudos que permitam aprofundar as características deste método de medição da aliança, nomeadamente ao nível da validade interna (e.g., análise fatorial exploratória) e da validade convergente entre o SOFTA-o e o SOFTA-s, bem como promover a investigação científica na área das terapias conjuntas.

De forma a garantir a equivalência linguística e conceptual do instrumento, a versão original espanhola do SOFTA-o foi submetida a um processo de tradução-retroversão composto por quatro passos: (a) 1ª versão – resultou da tradução para a língua portuguesa, por parte de uma psicóloga com experiência clínica e formação na área sistémica; (b) 2ª versão – originada a partir da comparação entre a 1ª versão traduzida e a versão original espanhola efetuada por uma portuguesa bilingue especialista de saúde mental com formação sistémica; (c) retroversão da 2ª versão (usando o método inverso) feita por um terceiro especialista[1] bilingue na área sistémica; (d) 3ª versão – emergiu da verificação da equivalência do conteúdo da retroversão com o instrumento original concretizada pelo autor espanhol (Valentín Escudero), o qual apenas sugeriu alterações menores.

Por fim, as diversas versões foram avaliadas e comparadas por cinco profissionais de saúde mental com experiência clínica, em termos da equivalência semântica (gramática e vocabulário), conceptual (contexto cultural) e idiomática (coloquialismos) do conteúdo dos itens. Como resultado desta validação consensual foram feitas ligeiras alterações de linguagem e reformuladas algumas expressões para melhorar a compreensão dos itens, resultando deste processo a versão final do instrumento. Posteriormente foi conduzido um pré-teste de análise e interpretação dos descritores, através da leitura da grelha observacional, com uma amostra de quatro mestrandos de Psicologia Clínica, o qual não revelou dificuldades na compreensão dos enunciados. Esta análise prévia da versão final do instrumento teve como objetivo averiguar alguns aspetos da validade facial.

Paralelamente à tradução do instrumento, foi também realizada a tradução do *Manual de Treino* do SOFTA-o (Friedlander et al., 2005; versão traduzida e adaptada por Sotero et al., 2010), o qual contém a operacionalização detalhada dos descritores comportamentais, fornecendo

---

[1] Agradecemos ao Prof. Jorge De Vega a sua colaboração neste trabalho.

orientações específicas sobre o significado exato dos itens e os contextos em que devem ser registados. Este trabalho de tradução foi desenvolvido pela equipa de investigação, e posteriormente analisado e validado por um dos autores do instrumento.

Estudos de precisão

A fiabilidade traduz a precisão do método de medição e pode ser averiguada através da consistência ou estabilidade desse método (e.g., teste, instrumento, grelha de observação). O atributo da consistência de uma medida raramente é uma questão de tudo ou nada (Cohen, Swerdlik, & Smith, 1992), existindo graus de confiabilidade e várias formas de o medir (e.g., método teste-reteste, comparações *split-half*). No caso particular das metodologias observacionais o estabelecimento da fiabilidade é habitualmente feito a partir do cálculo da concordância entre dois ou mais avaliadores que observam o mesmo evento, registando-o de forma independente (Dessen & Murta, 1997). Dito de outro modo, a fiabilidade interobservadores permite averiguar se diferentes observadores ao utilizarem os mesmos métodos de avaliação obtêm resultados consistentes, existindo vários índices de acordo interjuízes mencionados na literatura (e.g., coeficiente *S* de Bennet, Alpert e Goldstein, o coeficiente *Kappa* de *Cohen*). Segundo Bakeman (2000), o acordo entre observadores pode ser visto como uma condição *sine qua non* da investigação observacional. O facto de se tratarem de dados observacionais recolhidos por observadores humanos, através de um juízo crítico, tornam especialmente importantes os aspetos relacionados com a formação e treino dos observadores, o acordo entre eles e a fiabilidade das dados recolhidos. A este propósito convém clarificar que acordo não é o mesmo que fiabilidade (Bakeman, 2000), dado que o acordo apenas mede a igualdade ou semelhança das observações entre avaliadores, enquanto a fiabilidade se reporta à possibilidade de generalização (ou reprodutibilidade) dos dados (Bakeman, 2000). No caso de investigações observacionais, um dos coeficientes de generalização, ou de fiabilidade, apropriados é o *Coeficiente de Correlação*

Intraclasse (*ICC* do inglês *Intraclass Correlation Coeficient*) (Bakeman, 2000), o qual verifica a igualdade das classificações médias atribuídas por vários sujeitos (Pestana & Gageiro, 2005).

Para incrementar e avaliar a fiabilidade da versão portuguesa do SOFTA-o foram conduzidos três estudos distintos, os quais se descrevem a seguir.

Estudo 1. De modo a procurar controlar e minimizar enviesamentos foram tomadas algumas medidas preventivas, nomeadamente uma fase de treino de codificação exaustiva e o uso do manual detalhado de codificação. Neste sentido, dois elementos da equipa de investigação receberam uma formação presencial no SOFTA-o, na Universidade da Corunha, durante dois dias, liderada pelo autor do instrumento (V. Escudero). Após a aquisição de uma boa compreensão do modelo do SOFTA e da discussão sobre as especificidades e dificuldades na utilização do instrumento, ambas as equipas de investigação (portuguesa e espanhola) observaram e cotaram em conjunto um vídeo de uma sessão de terapia familiar. Este processo envolveu repetidas comparações e acertos do processo de codificação entre as equipas, o que permitiu clarificar e aprofundar a descrição das unidades de codificação (i.e, dos descritores comportamentais). Apesar de não se ter constituído como um teste de fiabilidade formal, este procedimento proporcionou um aumento do acordo interjuízes no decorrer da aplicação do método de observação.

Estudo 2. A primeira prova formal de fiabilidade com a versão portuguesa do SOFTA-o realizou-se depois de um período de treino (entre 10-15 horas) com os vídeos disponíveis *on-line* no site do instrumento (Disponível em http://www.softa-soatif.com) e alguns vídeos de sessões de terapia familiar, representativos do material a analisar. Depois do treino conjunto, os elementos da equipa de investigação (dois doutorandos em Intervenção Familiar e dois mestres em Psicologia Clínica) observaram e codificaram, de forma independente, seis vídeos de sessões de terapia familiar. Dois elementos codificaram os comportamentos observáveis dos clientes (SOFTA-o, versão clientes) e outros dois codificaram os comportamentos observáveis dos terapeutas (SOFTA-o, versão terapeuta).

A fiabilidade inter-juízes foi avaliada através da cálculo do *ICC* em cada uma das dimensões pontuadas. Os coeficientes de correlação encontrados são apresentados no Quadro 2.

Quadro 2.
Coeficiente de correlação intraclasse (ICC): SOFTA-o

Dimensões	Versão Clientes	Versão Terapeuta
Envolvimento no Processo Terapêutico	.90	.89
Conexão Emocional com o Terapeuta	.91	.86
Segurança Dentro do Sistema Terapêutico	.93	.95
Sentimento de Partilha de Objetivos na Família	.91	.91

Os resultados obtidos foram indicadores de uma boa fiabilidade interobservadores, tendo sido obtidos valores da correlação intraclasse próximos dos reportados pelos autores do SOFTA-o (desde .72 a .95; Friedlander, Escudero, Horvath et al., 2006).

Estudo 3. Com vista a avaliar a precisão do sistema de medição (i.e., o grau em que uma medida repetida sob condições inalteradas mostra os mesmos resultados – *precision*; Taylor, 1997), as equipas de investigação portuguesa e espanhola procederam à codificação, de modo independente, de uma sessão de terapia familiar (*role-play* didático) e compararam ambas as cotações. Esta prova de precisão, na qual o autor espanhol foi auditor, revelou uma percentagem de acordo de 70% no caso da cotação dos comportamentos dos clientes e de 90% na cotação dos terapeutas.

Estes estudos preliminares foram reveladores da utilidade da versão portuguesa do sistema de observação, atendendo aos níveis de precisão alcançados. De notar que, apesar de se ter encontrado alguma evidência de fiabilidade neste estudo, esta deve ser avaliada caso-a-caso, tal como é aconselhável que os membros da equipa de avaliadores reúnam periodicamente para compararem os seus resultados e não deixarem que o acordo e sincronismo na aplicação dos critérios de registo e de pontuação diminuam (Friedlander et al., 2005).

Estudos de validade

A validade refere-se a uma propriedade do instrumento de medida – um instrumento é válido quando mede aquilo que pretende medir – enquanto a validação se mostra um processo complexo porque se trata de provar cientificamente a validade desse instrumento (Pasquali, 2007). A validade de constructo de um instrumento não se estabelece com a confirmação de um único estudo, pelo contrário requer um conjunto de resultados consistentes, a partir de um conjunto de estudos, implicando a acumulação de evidências científicas para verificar tal propriedade (Pasquali, 2007). Neste sentido, os estudos que a seguir se apresentam reportam-se apenas a alguns indicadores, sobretudo da validade de constructo, não dispensando futuras investigações complementares da validade do SOFTA-o. Nestes estudos de validade foram considerados os seguintes indicadores: (1) as intercorrelações entre as dimensões do SOFTA; (2) os dados da aliança nas terapias familiares com diferentes grupos de clientes (filhos adolescentes vs. pais); (3) a relação com os resultados terapêuticos (abandono vs. processos terminados).

Estudo 1. A associação entre as dimensões avaliadas pelo SOFTA foi determinada através do cálculo do grau de associação ou de intercorrelação entre as dimensões, utilizando o coeficiente de correlação de Spearman (medida de associação para variáveis ordinais; Maroco, 2007), no sentido de perceber o grau em que os indicadores designados para medir o mesmo constructo (i.e., aliança terapêutica) são relacionados e convergentes (*convergent validity*; Campbell & Fiske, 1959). No caso dos indicadores terem uma relação forte entre si apresentarão correlações elevadas, acontecendo o inverso com os que não se relacionam. Para aceder às intercorrelações entre as quatro dimensões foi aleatoriamente selecionado um elemento de cada família de um conjunto de 40 famílias (N=40), de modo a assegurar a independência dos dados. Conforme ilustrado no Quadro 3, as relações entre as quatro dimensões variam entre .05 e .38. A Conexão Emocional surge como a única dimensão que está significativamente associada a todas as outras, apesar de as correlações obtidas serem moderadas. Através do cálculo do coeficiente de determinação podemos concluir que a Conexão Emocional partilha 14% da sua variância com o Envolvimento e igual percentagem de variância comum com a Segurança e com a Partilha de Objetivos, respetivamente. De notar que todas as dimensões se correlacionam positivamente entre si, conforme seria expectável atendendo ao constructo avaliado. As correlações mais baixas estão associadas à dimensão Segurança (Envolvimento r_s=.05 e Partilha de Objetivos r_s=.08). Este resultado vai ao encontro do que foi encontrado no estudo original (Friedlander, Escudero, Horvath et al., 2006), no qual a Segurança e a Partilha de Objetivos aparecem como as dimensões menos correlacionadas (r_s=.18). Os resultados obtidos devem contudo ser interpretados com precaução, atendendo à reduzida dimensão da amostra (N=40).

Quadro 3.
Intercorrelações entre as dimensões do SOFTA-o

	ENV	CE	S	SPO
Envolvimento no Processo	-			
Conexão Emocional	.38*	-		
Segurança Dentro Sistema Terapêutico	.05	.37*	-	
Sentimento de Partilha de Objetivos	.26	.38*	.08	-

ENV = Envolvimento no Processo; CE = Conexão Emocional; S = Segurança Dentro Sistema Terapêutico; SPO = Sentimento de Partilha de Objetivos.
* $p < .05$

Estudo 2. Para determinar até que ponto os comportamentos observáveis, dentro de cada dimensão do SOFTA-o, são clinicamente significativos e discriminantes entre as alianças estabelecidas com pais e filhos adolescentes, respetivamente, foi conduzido um teste de validade com estes dois grupos de clientes no contexto da terapia familiar (validade grupos-conhecidos). Neste âmbito, 49 sujeitos (21 pais/mães e 28 filhos/as adolescentes) que participaram numa 1ª sessão de terapia familiar foram avaliados com o SOFTA-o, procedendo-se depois à comparação da força da aliança entre os grupos. Depois de comparados os resultados obtidos apontam para diferenças estatisticamente significativas na força da aliança nas dimensões Envolvimento no Processo Terapêutico (z=−2.97, p=.003) e Conexão Emocional com o Terapeuta (z=−2.98, p=.003). Nesta amostra, os adolescentes (μ=20.05) estavam menos envolvidos na terapia familiar do que os seus pais (μ=31.60), bem como se apresentavam menos conectados emocionalmente com o terapeuta ($\mu_{adolescentes}$=20.30; μ_{pais}=31.26) (Sotero, Relvas, & Escudero, 2011). Estes resultados parecem corroborar os estudos que apontam para o facto de ser particularmente desafiante estabelecer uma relação terapêutica com adolescentes, uma vez que estes se apresentam com frequência no início da terapia familiar contra a sua vontade (Friedlander et al., 2006).

Estudo 3. A relação entre a aliança terapêutica e os resultados terapêuticos está teórica e empiricamente descrita na literatura, principalmente na terapia individual (Horvath et al., 2011), mas também na terapia familiar (Friedlander, Escudero, Heatherington, & Diamond, 2011). Assim, foi conduzida uma prova de validade com o propósito de avaliar a capacidade do SOFTA-o prever algo que teoricamente deveria ser capaz de prever (*predictive validity*; Cronbach & Meehl, 1955). Os resultados do estudo qualitativo com quatro casos clínicos contrastantes, do ponto de vista dos resultados da terapia familiar (conclusão da terapia por mútuo acordo vs. abandono da terapia) (Sotero et al., 2010), corroboraram a associação entre a aliança e os resultados terapêuticos encontrada em pesquisas anteriores (Beck et al., 2006). As famílias que terminaram a terapia por mútuo acordo apresentavam no início do processo alianças moderadamente fortes e congruentes nas quatro dimensões do SOFTA. Por oposição, nos casos em que houve abandono do processo foram obtidas avaliações notavelmente menos favoráveis nas quatro dimensões da aliança (Sotero, Portugal, Cunha, Vilaça, Alarcão et al, 2010).

3. Aplicação
Como aplicar, cotar e interpretar?

Em primeiro lugar, independentemente do objetivo de aplicação do instrumento (clínico ou investigação) é fundamental uma boa compreensão do modelo conceptual que está subjacente ao SOFTA. É também essencial que os codificadores ou observadores se familiarizem com as definições operacionais das dimensões e com os descritores comportamentais que lhes estão associados, apesar de não ser necessária a sua memorização.

Embora não seja requisito ter experiência clínica, o SOFTA-o deve ser utilizado por observadores que sejam licenciados numa área da saúde mental e pós-graduados em terapia familiar ou intervenção sistémica. Quando os codificadores apresentarem um bom conhecimento acerca dos itens comportamentais e das dimensões deve seguir-se um período de treino de cotação. Os autores do instrumento sugerem a utilização dos vídeos de treino disponíveis em http://www.softa-soatif.com, os quais representam trechos de sessões terapêuticas ilustrativas de descritores comportamentais, positivos e negativos, em cada uma das dimensões da aliança. No caso da investigação, recomenda-se que, pelo menos, dois observadores avaliem a sessão de terapia familiar e que o treino de codificação com o SOFTA-o inclua a cotação prévia de 6 a 12 vídeos representativos do material a analisar, alcançando-se normalmente uma boa fiabilidade interobservadores depois de 10 a 15 horas de treino, durante 4 a 5 semanas.

Para além do material a analisar (sessão de terapia familiar/casal) é necessário que o codificador disponha do instrumento (SOFTA-o, versão clientes e/ou terapeutas) e do *Manual de Treino* (Friedlander et al., 2005; versão traduzida e adaptada por Sotero et al., 2010), do qual constam as instruções de codificação indispensáveis à aplicação das grelhas de observação e as definições operacionais de cada descritor comportamental. As definições dos descritores do terapeuta estão igualmente incluídas no manual e proporcionam aos observadores orientações específicas sobre quando e em que contexto devem ser registados.

A tarefa de avaliar a aliança terapêutica com o SOFTA-o comporta duas fases distintas: 1) registar a presença de indicadores comportamentais ao longo da sessão; 2) atribuir uma pontuação sobre a força da aliança para cada dimensão, imediatamente depois de ver a sessão completa. O pressuposto subjacente a este processo é que a pontuação atribuída a cada uma das quatro dimensões da aliança seja feita com base no registo de indicadores comportamentais observáveis que refletem sentimentos, pensamentos e atitudes internas dos membros da família sobre a terapia e o relacionamento com o terapeuta.

Na primeira fase os avaliadores observam de forma independente o vídeo, parando e rebobinando as vezes que forem necessárias. Quando se observa algum comportamento incluído na lista de descritores, como por exemplo "o cliente expressa otimismo ou indica que houve uma mudança positiva", o avaliador coloca uma marca no espaço em branco reservado para esse descritor e para esse membro da família (por exemplo, "mãe" ou "criança"). De forma a recordar, no final da sessão, a importância ou clareza e intensidade dos comportamentos assinalados podem ser colocadas notas ou comentários adicionais.

Na segunda fase, isto é, no final da sessão que está a ser avaliada, o observador deverá atribuir uma pontuação a cada membro da família presente na sessão, em cada uma das 3 dimensões (Envolvimento, Conexão Emocional, Segurança), dado que na dimensão Sentimento de Partilha de Objetivos na Família faz-se uma avaliação da família como um todo e, portanto, é dada uma pontuação para toda a família/casal.

As indicações que orientam a escala de pontuação referem-se à valência (positiva ou negativa), intensidade e frequência do comportamento, bem como à sua importância e significado no contexto da sessão. Cada dimensão é pontuada segundo uma escala numérica/ordinal de sete pontos (-3, -2, -1, 0, +1, +2, +3): *0* (i.e., *nada a assinalar* ou *aliança neutra*), *-3* representa o extremo negativo (i.e., *aliança muito problemática*) e *+3* o outro extremo (i.e., *aliança muito forte*). A pontuação de 0 é dada quando não há comportamentos positivos ou negativos registados ou quando o número e a natureza desses comportamentos se anulam uns aos outros. Assim, uma pontuação de 0 sugere que a aliança não é particularmente positiva ou particularmente negativa. Quando apenas existem comportamentos positivos a pontuação deve ser +1, +2 ou +3. De forma similar, quando apenas há comportamentos negativos, a pontuação deve ser -1, -2 ou -3. A subjetividade existe quando é necessário considerar o contexto, o conteúdo e o significado dos comportamentos observados, e a pontuação requer uma maior inferência quando os clientes (ou terapeutas) apresentam durante a sessão comportamentos quer positivos quer negativos. Nestas circunstâncias, a pontuação deve ser entre -1, 0 e +1.

A pontuação atribuída a cada membro da família pode ser influenciada pela forma como são pontuados os outros membros da família. Por essa razão, o avaliador deve em primeiro lugar atender às marcas feitas para assinalar os descritores comportamentais e decidir quem é o membro da família menos envolvido na terapia. Esse membro deve ser avaliado e pontuado primeiro, passando-se depois à segunda pessoa menos envolvida e assim sucessivamente. Desta maneira, o membro da família mais envolvido ou comprometido com a terapia é avaliado em último lugar.

Com efeito, a ponderação final não é feita pelos avaliadores confiando simplesmente na sua intuição ou impressão final para pontuar cada dimensão, mas tem que se basear e apoiar nos descritores comportamentais identificados e assinalados durante a sessão, atendendo também ao conteúdo e ao contexto. Por exemplo, o indicador "os membros da família oferecem um acordo para um compromisso" terá um significado diferente se o compromisso estiver diretamente relacionado com o problema que está em discussão ou caso se refira a algo periférico relativamente às preocupações centrais da família. Consideremos um outro exemplo, reportando-nos a um dos vídeos de treino acessíveis *on-line*. Um jovem rapaz está sentado quase na posição fetal, escondendo a cabeça e a parte superior do corpo. Parece relutante em responder ao terapeuta ou à avó, que fala para ele de forma suave a carinhosa. A determinada altura, o rapaz revela algo doloroso: "O meu pai bate-me". Poucos minutos depois, começa a chorar. Nestes dois minutos de *role-play*, os comportamentos negativos de Segurança são (a) o rapaz apresenta uma postura corporal defensiva e (b) está relutante em responder à avó quando esta lhe fala diretamente. Um indicador positivo de Segurança é a sua expressão de vulnerabilidade (i.e., revela algo doloroso e chora). Dado que os comportamentos extremos negativos superam o positivo, a pontuação adequada era -1. Se o rapaz não tivesse chorado ou mencionado o abuso físico (i.e., não tivesse manifestado um comportamento positivo de Segurança), a pontuação deveria ser superior a -1 e baseada apenas nos comportamentos não-verbais. Contudo, se ele estivesse relutante em responder mas não estivesse sentado de forma tão defensiva, a pontuação dada poderia ser +1, dada a natureza sensível da sua revelação. Se ele tivesse chorado, mencionado que o pai lhe batia, sem estar numa postura defensiva nem relutante (i.e. se apenas apresentasse indicadores positivos de Segurança), a pontuação deveria ser +3.

4. Vantagens, limitações e estudos futuros

É hoje aceite que a aliança terapêutica é uma variável crítica no processo e nos resultados da terapia familiar e de casal (Friedlander et al., 2011). Todavia, a sua construção e manutenção no contexto das terapias conjuntas é um processo complexo, multipessoal e multigeracional, sendo ainda diminuto o conhecimento científico a seu respeito. Assim, uma primeira vantagem do SOFTA-o é disponibilizar em português uma ferramenta que permite "ver" a(s) aliança(s) terapêutica(s) com base num modelo conceptual derivado da teoria, investigação e prática clínica. Outra vantagem, é o facto de o SOFTA-o possibilitar a identificação e codificação dos comportamentos observáveis dos clientes enfatizando o processo de interação social (cliente-terapeuta; cliente-cliente; cliente-família), momento-a-momento, na construção da(s) aliança(s) terapêutica(s). Para além disso, este instrumento disponibiliza ainda uma versão que permite identificar os comportamentos dos terapeutas que contribuem (mais e menos) para a construção e manutenção da aliança ao longo das sessões. A representação da experiência clínica, nomeadamente dos comportamentos dos terapeutas que contribuem para a aliança e dos comportamentos dos clientes que a revelam, constitui-se assim como um método bastante útil e sistemático que pode ser utilizado na investigação, na formação e treino de terapeutas, bem como na prática clínica.

Apesar das vantagens referidas, há, contudo, algumas limitações neste sistema de observação que devem ser tomadas em consideração. Primeiro, embora se aceite que os pensamentos e sentimentos acerca da aliança se manifestam em determinados comportamentos expressos, não pode ser assumido que os comportamentos representados no SOFTA-o representam o universo dos comportamentos-aliança dos clientes ou dos comportamentos-contributo dos terapeutas. Para além disso, alguns dos comportamentos predeterminados, tais como "O cliente expressa fisicamente afeto ou carinho pelo terapeuta" (Conexão Emocional) e "O cliente menciona de forma ansiosa/incómoda a câmara, os observadores, a supervisão, ou os procedimentos de investigação" (Segurança), não ocorrem em todos os contextos clínicos ou com os clientes de todas as culturas (Friedlander et al., 2006). Desta forma, os descritores comportamentais contemplados em cada uma das dimensões do SOFTA refletem a maioria das abordagens terapêuticas na terapia familiar e de casal, mas inevitavelmente limitam o que é visto e registado. Uma segunda assunção que deve ser feita reporta-se ao facto de as alianças terapêuticas serem bidirecionais. De acordo com o SOFTA-o há comportamentos que identificam uma aliança forte e outros que assinalam uma aliança fraca, sendo também possível avaliar uma aliança como neutra, quando não existem indicadores comportamentais suficientemente positivos ou negativos, ou quando ambos se anulam. Dada a natureza ordinal da escala, não é possível considerar, por exemplo, que quando um cliente obteve no Envolvimento uma pontuação de +2 (aliança *bastante forte*), significa que está duas vezes mais envolvido na terapia do que um outro que recebeu a pontuação de +1 (aliança *ligeira*). Finalmente, não podemos assumir que todos os indicadores comportamentais do instrumento são igualmente indicativos da força da aliança. Ter uma postura corporal "aberta", por exemplo, não é tão significativo como revelar um segredo familiar, no caso da dimensão Segurança. Assim, registar simplesmente a frequência dos indicadores comportamentais não é suficiente, sendo necessário um julgamento crítico que tome em conta o conteúdo (verbal ou não verbal) e os contextos interpessoais. Aspetos como o tom e o volume da voz do cliente, o seu comportamento não-verbal, ou as reações dos outros elementos da família, fornecem pistas acerca da força e importância dos descritores comportamentais no decorrer do contexto terapêutico. É importante não esquecer que a recolha observacional dos dados é feita por observadores treinados e implica a realização de julgamentos e inferências, baseados na observação a partir das grelhas de registo ("*human synthesizer*", Friedlander et al., 2006, p. 264), algo não muito diferente daquilo que o terapeuta faz ao longo da terapia mas de forma menos sistemática.

Em termos de investigação futura será importante prosseguir com os estudos de evidência de validade no contexto português, nomeadamente testar o modelo resultante de uma análise fatorial confirmatória e realizar estudos de validade convergente com outros instrumentos de medida da aliança terapêutica (e.g., SOFTA-s; VTAS-R). A investigação com o SOFTA-o permitirá ainda, futuramente, desenvolver uma visão crítica sobre os descritores comportamentais que compõe cada uma das dimensões da aliança e sobre a sua adequação ao contexto da terapia familiar em Portugal.

5. Bibliografia

Bakeman, R. (2000). Behavioral observation and coding. In H. T. Reis & C. K. Judd (Eds.), *Handbook of research methods in social psychology* (pp. 138-159). New York: Cambridge University Press.

Beck, M., Friedlander, M., & Escudero, V. (2006). Three perspectives of clients' experiences of the therapeutic alliance: A discovery-oriented investigation. *Journal of Marital and Family Therapy*, *32*, 355-368. doi: 10.1111/j.1752-0606.2006.tb01612.x

Bertalanffy, L. Von (1972). *Théorie générale des systèmes*. Paris: Dunod. Edição original 1986.

Bordin, E. S. (1979). The generalizability of the psychoanalytic concept of the working alliance. *Psychotherapy*, *16*, 252-260. doi: 10.1037/h0085885

Campbell, D. T., & Fiske, D. W. (1959). Convergent and discriminant validation by the multitrait multimethod matrix. *Psychological Bulletin*, *56*, 81-105. doi: 10.1037/h004616

Christensen, L. L., Russell, C. S., Miller, R. B., & Peterson, C. M. (1998). The process of change in couples therapy: A qualitative investigation. *Journal of Marital and Family Therapy*, *24*, 177-188. doi: 10.1111/j.1752-0606.1998.tb01074.x

Cohen, R. J., Swerdlik, M. E., & Smith, D. K. (1992). *Psychological testing and assessment: An introduction to tests and measurement* (2nd ed.). California: Mayfield Publishing Company.

Cronbach, L. J., & Meehl, P. E. (1955). Construct validity in psychological tests. *Psychological Bulletin*, *52*, 281-302. doi: 10.1037/h0040957

Dessen, M. A., & Murta, S. G. (1997). A metodologia observacional na pesquisa em psicologia: Uma visão crítica. *Cadernos de Psicologia, 1*, 47-60.

Diamond, G. M., Liddle, H. A., Hogue, A., & Dakof, G. A. (1999). Alliance-building interventions with adolescents in family therapy. A process study. *Psychotherapy*, *36*, 355-368. doi: 10.1037/h0087729

Escudero, V. (2009). La creación de la alianza terapéutica en la terapia familiar. *Apuntes de Psicología*, *27*, 247-259.

Escudero, V., Friedlander, M. L., Varela, N., & Abascal, A. (2008). Observing the therapeutic alliance in family therapy: Associations with participants´ perceptions and therapeutic outcomes. *Journal of Family Therapy*, *30*, 194-214. doi: 10.1111/j.1467-6427.2008.00425.x

Escudero, V., Heatherington L., & Friedlander, M. L. (2010). Therapeutic alliances and alliance building in family therapy. In J. C. Muran & J. P. Barber (Eds.), *The therapeutic alliance. An evidenced-based guide to practice* (pp. 240-262). New York: Guilford.

Fallon, I. (1991). Behavioral family therapy. In A. Gurman & D. Kniskern (Eds.). *Handbook of family therapy* (Vol. II, pp. 75-85). New York: Brunner/Mazel.

Friedlander, M. L., Bernardi, S., & Lee, H. (2010). Better versus worse family therapy sessions as reflected in clients' alliance-related behavior. *Journal of Counseling Psychology*, *57*, 198-204. doi: 10.1037/a0019088

Friedlander, M. L., Escudero, V., & Heatherington, L. (2006). *Therapeutic alliances in couple and family therapy: An empirically informed guide to practice.* Washington, DC: American Psychological Association.

Friedlander, M., Escudero, V., Heatherington, L., Deihl, L., Field, N., Lehman, P., . . . Cutting, M. (2005). *Sistema de Observación de la Alianza Terapéutica en Intervención Familiar* (SOATIF_o) – Manual de Entrenamiento - revisado. Acedido em 12, janeiro, 2009, em http://www.softa-soatif.com/docusofta/softa%20instruments/manuales/SOATIFManual.pdf. Tradução Portuguesa de Sotero L., Portugal A., Cunha D., Vilaça M. & Relvas, A. P. (2010). Universidade de Coimbra: Material não publicado.

Friedlander, M. L., Escudero, V., Heatherington, L., & Diamond, G. M. (2011). Alliance in couple and family therapy. *Psychotherapy, 48,* 25-33. doi: 10.1037/a0022060

Friedlander, M. L., Escudero, V., Horvath, S., Heatherington, L., Cabero, A., & Martens, M. P. (2006). System for Observing Family Therapy Alliances: A tool for research and practice. *Journal of Counseling Psychology, 53,* 214-225. doi: 10.1037/0022-0167.53. 2.214

Goldfried, M. R. (1980). Toward the delineation of therapeutic change principles. *Applied and Preventive Psychology, 13,* 3-4.

Heatherington, L., & Friedlander, M. L. (1990). Couple and family therapy alliance scales: Empirical considerations. *Journal of Marital and Family Therapy, 16,* 299-306. doi: 10.1111/j.1752-0606.1990.tb00851.x

Horvath, A. O., & Bedi, R. P. (2002). The alliance. In J. C. Norcross (Ed.), *Psychotherapy relationships that work: Therapist contributions and responsiveness to patients* (pp. 37--69). New York: Oxford University Press.

Horvath, A. O., Del Re, A., Flückiger, C., & Symonds, D. B. (2011). Alliance in individual psychotherapy. *Psychotherapy, 48,* 9-16. doi:10.1037/a0022186

Horvath, A. O., & Greenberg, L. S. (1986). The development of the Working Alliance Inventory. In L. S. Greenberg & W. M. Pinsof (Eds.), *The psychotherapeutic process: A research handbook* (pp. 529-556). New York: Guildford.

Horvath, A. O., & Symonds, B. D. (1991). Relation between working alliance and outcome in psychotherapy: A meta-analysis. *Journal of Counseling Psychology, 38,* 139-149. doi: 10.1037/0022-0167.38.2.139

Knobloch-Fedders, L. M., Pinsof, W. M., & Mann, B. J. (2004). The formation of the therapeutic alliance in couple therapy. *Family Process, 43,* 425-442. doi: 10.1111/j.1545-5300.2004.00032.x

Luborsky, L., Crits-Cristoph, P., Alexander, L., Margolis, M., & Cohen, M. (1983). Two helping alliance methods for predicting outcomes of psychotherapy: A counting signs vs. global rating method. *Journal of Nervous and Mental Disease, 171,* 480-491.

Luborsky, L., Singer, B., & Luborsky, L. (1975). Comparative studies of psychotherapies; "Is it true that everybody has won and all must have prizes"? *Archives of General Psychiatry, 32,* 995-1008.

Maroco, J. (2007). *Análise estatística com utilização do SPSS.* Lisboa: Sílabo.

Martin, D. J., Garske, J. P., & Davis, K. M. (2000). Relation of the therapeutic alliance with outcome and other variables: A meta analytic review. *Journal of Clinical and Consulting Psychology, 68,* 438-450. doi: 10.1037/0022-006X.68.3.438

Morin, E. (1991). *Introdução ao pensamento complexo* (D. Matos, Trad.). Lisboa: Instituto Piaget. (Obra Original Publicada em 1990).

Muñiz de la Peña, C., Friedlander, M. L., & Escudero, V. (2009). Frequency, severity, and evolution of split family alliances: How observable are they? *Psychotherapy Research, 19,* 133-142. doi: 10.1080/10503300802460050

Pasquali, L. (2007). Validade dos testes psicológicos: Será possível reencontrar o caminho? *Psicologia: Teoria e Pesquisa, 23*, 99-107.

Pestana, M. H., & Gageiro, J. N. (2005). *Análise de dados para ciências sociais - A complementaridade do SPSS* (4ª ed.). Lisboa: Sílabo.

Pinsof, W. B. (1994). An integrative systems perspective on the therapeutic alliance: Theoretical, clinical, and research implications. In A. O. Horvath & L. S. Greenberg (Eds.), *The working alliance: Theory, research, and practice* (pp. 173-195). New York: Willey.

Pinsof, W. B. (1995). *Integrative problem-centered therapy*. New York: Basic Books.

Pinsof, W. B., & Catherall, D. (1986). The integrative psychotherapy alliance: Family, couple, and individual therapy scales. *Journal of Marital and Family Therapy, 12*, 137-151. doi: 10.1111/j.1752-0606.1986.tb01631.x

Pinsof, W. M., Zinbarg, R., & Knobloch-Fedders, L. M. (2008). Factorial and construct validity of revised short form Integrative Psychotherapy Alliance Scales for family, couple and individual therapy. *Family Process, 47*, 281-301. doi: 10.1111/j.1545-5300.2008.00254.x

Rait, D. S. (2000). The therapeutic alliance in couples and family therapy. *Journal of Clinical Psychology, 56*, 211-224. doi: 10.1002/(SICI)1097-4679(200002)56:2<211::AID-JCLP7>3.0.CO;2-H

Relvas, A. P., Escudero, V., Sotero, L., Cunha, D., Portugal, A., & Vilaça, M. (2010). The System for Observing Family Therapy Alliances (SOFTA) and the preliminary Portuguese studies. *8th Electronic EFTA Newsletter*. Retrieved from http://www.eftacim.org/doc_pdf/softa.pdf

Robbins, M. S., Liddle, H. A., Turner, C. W., Dakof, G. A., Alexander, J. F., & Kogan, S. M. (2006). Adolescent and parent therapeutic alliances as predictors of dropout in multidimensional therapy. *Journal of Family Psychology, 20*, 108-116. doi: 10.1037/0893-3200.20.1.108

Robbins, M. S., Turner, C. W., Alexander, J. F., & Perez, G. A. (2003). Alliance and dropout in family therapy for adolescents with behavior problems: Individual and systemic effects. *Journal of Family Psychology, 17*, 534-544. doi: 10.1037/0893-3200.17.4.534

Rogers, C. R., & Wood, J. K. (1974). Client-centered theory: Carl R. Rogers. In A. Burton (Ed.), *Operational theories of personality* (pp. 211-258). New York: Brunner/Mazel.

Sotero, L., Portugal, A., Cunha, D., Vilaça, M., Alarcão, M., Escudero, V., & Relvas, A. P. (2010, October). *Exploratory Study of Preliminary Portuguese Data with SOFTA-o in Systemic Family Therapy*. Oral Communication presented at the 7th European Family Therapy Association (EFTA) Congress, Paris, France. Retrieved from http://www.europeanfamilytherapy.eu/wp-content/uploads/2012/10/sotero.pdf

Sotero, L., Portugal, A., Cunha, D., Vilaça, M., & Relvas, A. P. (2010). *Sistema de Observação da Aliança em Terapia Familiar: SOFTA* [Versão Portuguesa. Versão Clientes; Versão Terapeutas]. Instrumento não publicado.

Sotero, L. & Relvas, A. P. (2012). A intervenção com clientes involuntários: complexidade e dilemas. *Psicologia & Sociedade, 24*, 187-196. doi:10.1590/S0102-71822012000100021

Sotero, L., Relvas, A. P., & Escudero, V. (2011, July). The Therapeutic Alliance With Involuntary Adolescent Clients in the Context of Systemic Family Therapy. In Gary Diamond (Chair), *Adolescents in Family Therapy: The Challenge of Building Therapeutic Alliances*. Symposium conducted at the International Meeting of the 42nd Society for Psychotherapy Research (SPR), Bern, Switzerland.

Symonds, B. D., & Horvath, A. O. (2004). Optimizing the alliance in couple therapy. *Family Process, 43*, 443-455. doi: 10.1111/j.1545-5300.2004.00033.x

Taylor, J. R. (1997). *An introduction to error analysis: The study of uncertainties in physical measurements* (2nd ed.). Sausalito: University Science Books.

SISTEMA DE OBSERVAÇÃO DA ALIANÇA EM TERAPIA FAMILIAR VERSÃO AUTO-RESPOSTA (SOFTA-s)

Margarida Vilaça
Luciana Sotero
José Tomás da Silva
Ana Paula Relvas

"...it is the human therapist-client encounter that provides the best explanation as to how treatment works in most of psychotherapy..."
(Blow & Distelberg, 2006, citados por Blow, Sprenkle, & Davis, 2007, p. 299)

Resumo

Desenvolvido por Friedlander, Escudero e Heatherington (2006), o Sistema de Observação da Aliança em Terapia Familiar – auto-resposta (SOFTA-s) é um questionário composto por 16 itens que avaliam a força da aliança terapêutica no contexto da terapia familiar, permitindo recolher a perspetiva de clientes e terapeutas. Os estudos de adaptação e validação para a população portuguesa realizaram-se com base numa amostra de 126 clientes e 93 terapeutas. Para ambas as versões, as análises exploratória e confirmatória não replicaram o modelo original de quatro fatores. Na versão para clientes, os resultados evidenciaram um modelo bifatorial (Forças e Dificuldades da aliança terapêutica), enquanto

DOI: http://dx.doi.org/10.14195/978-989-26-0839-6_6

que na versão para terapeutas, as análises apontaram para um modelo unidimensional. As soluções encontradas apresentaram uma consistência interna aceitável (clientes) e muito boa (terapeutas). Os resultados obtidos validam a utilização científica e clínica do SOFTA-s, apelando contudo à reflexão e prosseguimento da exploração da sua estrutura fatorial em futuras investigações.

Palavras-chave: aliança terapêutica, clientes, terapeutas, SOFTA-s.

Abstract

Developed by Friedlander, Escudero and Heatherington (2006), the System for Observing Family Therapy Alliances – self report (SOFTA-s) is a 16-item questionnaire used to evaluate the strength of the therapeutic alliance in the context of family therapy, allowing to collect both clients and therapists perspectives. The adaptation and validation studies to the Portuguese population are based on a clinical sample of 126 clients and 93 therapists. For both versions, exploratory and confirmatory factor analysis did not replicate the original four-factor model. In the clients version, results showed a bifactorial model (Strengths and Difficulties of the therapeutic alliance), whereas the therapists version pointed for a unidimensional model. The resulting solutions presented acceptable (clients) and very good (therapists) internal consistency values. These evidences validate the use of SOFTA-s in a scientific and clinical context, calling out to the reflection and prosecution of the exploration of its factor structure in future investigations.

Key-words: therapeutic alliance, clients, therapists, SOFTA-s.

1. Instrumento
O que é, o que avalia e a quem se aplica?

No Quadro 1 encontra-se a ficha técnica relativa ao *Sistema de Observação da Aliança em Terapia Familiar – auto-resposta* (SOFTA-s; Friedlander, Escudero, & Heatherington, 2006).

Quadro 1.
Ficha técnica do SOFTA-s

	O *Sistema de Observação da Aliança em Terapia Familiar – versão auto-resposta* (SOFTA-s) é a versão portuguesa, para clientes e terapeutas do *System for Observing Family Therapy Alliances – self report* (SOFTA-s), publicado em 2006 por Friedlander, Escudero e Heatherington. Para além do questionário, o SOFTA é ainda constituído por um sistema de observação (SOFTA-o) e um programa informático (*e*-SOFTA) que facilita o treino de investigadores e clínicos na utilização do instrumento (Disponível em http://www.softa-soatif.com)
O que é?	
O que avalia?	O SOFTA-s foi desenvolvido com o objetivo de avaliar a força da aliança terapêutica no contexto da terapia familiar conjunta, sob o ponto de vista dos clientes (versão para clientes) e dos terapeutas (versão para terapeutas). Cada uma das versões contém 16 itens negativos e positivos

Estrutura do SOFTA-s – versão para clientes		
Subescala	**Número Itens**	**Descrição**
Forças da Aliança Terapêutica (FA)	11	Avalia manifestações positivas da aliança terapêutica, representativas de uma forte aliança entre terapeuta e cliente(s) (e.g., "O terapeuta e eu trabalhamos juntos como uma equipa")
Dificuldades da Aliança Terapêutica (DA)	5	Retrata fragilidades da relação terapêutica, características de uma aliança terapêutica pobre (e.g., "Para mim é difícil discutir com o terapeuta o que devemos trabalhar na terapia")

153

Aliança terapêutica (AT)	16	Reflete a qualidade global da aliança terapêutica, contemplando aspetos como o envolvimento na terapia, a ligação emocional entre terapeuta e cliente(s), a segurança no contexto terapêutico e a partilha de objetivos (e.g., "O que esta família e eu estamos a fazer na terapia faz-me sentido")
A quem se aplica?	O SOFTA-s foi desenvolvido para ser administrado a todos os elementos da família (versão para clientes) com mais de 12 anos, e respetivos terapeutas (versão para terapeutas), no final das sessões de terapia familiar ou de casal	
Como ter acesso?	O acesso ao SOFTA-s (versão clientes e versão terapeutas) pode ser efetuado através da página http://www.fpce.uc.pt/avaliação familiar que contém todos os instrumentos de avaliação apresentados neste livro. Os utilizadores deverão facultar os contactos pessoais e institucionais, bem como dados acerca do propósito da utilização do SOFTA-s (e.g., investigação, prática clínica) e concordar com as condições de utilização e de partilha dos resultados com os autores da versão portuguesa	

Fundamentação e história

Ao longo dos anos, têm sido realizados estudos que identificam os fatores comuns associados à mudança nas diferentes abordagens psicoterapêuticas (Davis & Piercy, 2007; Drisco, 2004; Sexton, Ridley, & Kleiner, 2004). Neste sentido, tem sido defendida a existência de um conjunto de fatores ou mecanismos de mudança transversais a todas as terapias, os quais, de um modo geral, remetem para a relação terapêutica, as características do cliente, as características do terapeuta e as expectativas em relação ao processo terapêutico (Davis & Piercy, 2007; Hubble, Duncan, & Miller, 2006; Lambert, 1992; Sprenkle, Davis, & Lebow, 2009). Neste contexto (i.e. fatores comuns), a maioria dos autores frisa a relevância da relação terapêutica, considerando que o estabelecimento da relação entre terapeutas e clientes é o fator que mais contribui para o processo de mudança (Friedlander et al., 2006; Knobloch-Fedders, Pinsof, & Mann,

2004; Sexton et al., 2004), sendo esta evidência corroborada por vários estudos (Escudero, Friedlander, Varela, & Abascal, 2008; Friedlander, Escudero, et al., 2006; Johnson, Wright, & Ketring, 2002; Knobloch-Fedders et al., 2004; Quinn, Dotson, & Jordan, 1997).

No âmbito da terapia familiar sistémica (TFS) é também este o fator comum mais investigado (Sprenkle & Blow, 2004). Os resultados acumulados, desde os anos 80, sobre a ligação entre terapeuta e cliente e o seu efeito nos resultados terapêuticos, permitem-nos hoje afirmar que a evidência mais sólida que relaciona o processo e o resultado em terapia sistémica é a relação entre clientes e terapeuta, em particular a aliança terapêutica (Friedlander, Escudero, et al., 2006; Friedlander, Widman, Heatherington, & Skowron, 1994; Hubble et al., 2006). O papel do terapeuta no estabelecimento da aliança é também apontado como essencial para o sucesso da terapia (Norcross, 2002; Sprenkle et al., 2009).

A aliança terapêutica é assim entendida como uma componente específica da relação terapêutica, a par (e muito provavelmente em interação) com outros constructos interpessoais (e.g., empatia, congruência, autor-revelação) (Castonguay, Constantino, & Holtforth, 2006). De um modo geral, a aliança refere-se à qualidade e à força da relação colaborativa entre cliente e terapeuta (Horvath, Del Re, Fluckiger, & Symods, 2011). Esta dimensão colaborativa da aliança é entendida como transversal a diferentes definições associadas a perspetivas teóricas distintas (Ribeiro, 2009). É relevante notar que a relação terapêutica é um constructo mais amplo e inclusivo do que aliança, embora os dois constructos sejam, por vezes, usados de forma indiferenciada na literatura (Norcross, 2010). Apesar das diferentes designações (e.g., *working alliance, helping alliance*) e de alguma diversidade conceptual, a aliança terapêutica, ou simplesmente aliança, é indiscutivelmente o elemento da relação terapêutica mais popular ao nível da investigação.

Quinn e colaboradores (1997) levaram a cabo um estudo que visou avaliar a associação entre o estabelecimento da aliança terapêutica e o sucesso da terapia. Este estudo demonstrou a complexidade inerente à criação da aliança terapêutica, quando se trata de terapia familiar e de casal, dadas as características específicas destas modalidades de intervenção. Tais especificidades dizem respeito ao facto de os elementos da família ou do casal nem sempre estarem em consonância relativamente aos objetivos a alcançar com a terapia, podendo dificultar o estabelecimento da aliança terapêutica. Um outro estudo, realizado por Knobloch-Fedders e colaboradores (2004), teve por objetivo analisar de que forma a aliança terapêutica prediz a mudança no âmbito da terapia de casal, colocando o enfoque em variáveis individuais e relacionais. Os resultados indicaram que quando a aliança terapêutica era estabelecida nas primeiras sessões se mantinha relativamente estável ao longo das sessões seguintes, contribuindo para a diminuição dos problemas conjugais. Segundo Friedlander e colaboradores (2006), também os próprios clientes identificam a relação positiva com o terapeuta como o fator mais importante para o sucesso da terapia, reforçando assim a relevância da aliança terapêutica.

O crescente interesse clínico e empírico pelo estudo da aliança terapêutica teve como consequência o aparecimento de uma enorme variedade de medidas da aliança no contexto da terapia individual. Horvath e colaboradores (2011), numa revisão da literatura efetuada em 2009, em 201 estudos científicos publicados, contabilizaram cerca de 30 instrumentos distintos, sem contabilizar com as diferentes versões do mesmo instrumento.

Contrariamente, no contexto da terapia familiar e de casal, podemos afirmar que apenas foram desenvolvidas duas medidas de auto-resposta destinadas à avaliação da aliança terapêutica, quer na perspetiva dos clientes como na perspetiva dos terapeutas. Referimo-nos especificamente às *Integrative Psychotherapy Alliance Scales* (Pinsof & Catherall, 1986), originalmente criadas para o contexto das terapias conjuntas, e o *Working Alliance Inventory – Couples* (WAI-C; Symonds, 1998; Symonds & Horvath, 2004), adaptado da versão original concebida para a terapia individual. Em ambos os instrumentos, a partir da conceptualização tripartida da aliança de Bordin (1979; *goals, tasks, and bonds*), os clientes avaliam a sua aliança com o terapeuta e a aliança do terapeuta com os outros elementos da família que participam na terapia.

Perante a escassez de instrumentos de avaliação da aliança terapêutica no contexto particular da terapia familiar, Friedlander e colaboradores (2006) desenvolveram o *System for Observing Family Therapy Alliances*

– SOFTA, o qual consiste num modelo conceptual da aliança e num conjunto de medidas que podem ser usadas para avaliar a força da aliança terapêutica na terapia familiar e de casal, nomeadamente, um instrumento observacional (SOFTA-o; descrito em detalhe no capítulo 5) e um questionário de auto-resposta (SOFTA-s; apresentado no presente capítulo). Ambos os instrumentos têm uma versão para clientes e outra para terapeutas. Estes instrumentos foram desenvolvidos com base num modelo transteórico, observacional, multidimensional e interpessoal da aliança que permite operacionalizar este constructo em quatro dimensões interdependentes: Envolvimento no Processo Terapêutico, Conexão Emocional com o Terapeuta, Segurança dentro do Sistema Terapêutico e Sentimento de Partilha de Objetivos na Família (Friedlander et al., 2006). Estas diferentes dimensões refletem quer as alianças inter-sistemas (i.e., do cliente com o terapeuta) como as alianças intra-sistema (i.e., dentro da família). Contrariamente aos questionários de Pinsof (Pinsof & Catherall, 1986) e de Symonds e Horvath (2004), os quais são extrapolações para as terapias conjuntas de medidas individuais derivadas da conceptualização transteórica (i.e., que transcende as abordagens e modelos teóricos) da aliança de Bordin (1979), o SOFTA é composto por duas subescalas que refletem o modelo de Bordin (Envolvimento no Processo Terapêutico e Conexão Emocional com o Terapeuta) e duas subescalas que refletem aspetos específicos e exclusivos da terapia familiar e de casal (Segurança dentro do Sistema Terapêutico e Sentimento de Partilha de Objetivos na Família).

Desenvolvido a partir do SOFTA-o, a construção do SOFTA-s tinha, segundo os autores, um duplo objetivo: por um lado, criar questionários breves que tornassem viável a sua aplicação no contexto das investigações sobre a aliança e, por outro, investigar até que ponto os pensamentos e sentimentos descritos pelos clientes e terapeutas se associam com os seus comportamentos observados (Friedlander et al., 2006). O SOFTA-s serve assim para avaliar a força da aliança terapêutica a partir das perceções individuais dos clientes (ou dos terapeutas) acerca da qualidade das interações entre os membros da família, bem como, das interações de cada indivíduo com o terapeuta, refletindo, deste modo, de que forma os clientes se sentem na terapia (Friedlander et al., 2006). O questionário contém duas subescalas que podem ser consideradas comuns aos vários formatos de terapia (e.g., terapia individual, terapia grupal, terapia familiar, terapia de casal), designadamente o Envolvimento no Processo Terapêutico e a Conexão Emocional com o Terapeuta, e duas subescalas especificamente dirigidas para o trabalho terapêutico com casais e famílias, nomeadamente, a Segurança dentro do Sistema Terapêutico e o Sentimento de Partilha de Objetivos na Família. Através das definições conceptuais das quatro dimensões da aliança, os autores construíram quatro itens para cada dimensão. Deste modo, cada uma das versões do SOFTA-s (cliente e terapeuta) é constituída por 16 itens positivos e negativos que podem ser cotados numa escala de *Likert*. Ambos os instrumentos permitem obter uma pontuação global, que reflete a aliança em geral, e quatro pontuações parciais, que refletem as diferentes dimensões da aliança. Pontuações mais elevadas refletem perceções da aliança mais favoráveis.

A utilização do SOFTA na investigação, na prática clínica, no treino de novos terapeutas e também na supervisão tem vindo a ser explorada com entusiasmo (Friedlander et al., 2006). Concretamente na prática clínica, o SOFTA-s permite aos terapeutas obterem um *feedback* dos clientes acerca da aliança terapêutica, possibilitando-lhes perceber, por exemplo, quem é o elemento da família menos envolvido, ou quem é o menos conectado emocionalmente com o terapeuta. Neste sentido, uma pontuação mais baixa no SOFTA-s ou diferenças acentuadas na perceção da aliança por parte dos clientes (i.e. alianças cindidas) podem conduzir à adoção de estratégias de intervenção com o propósito de reparar essas alianças.

Os estudos psicométricos realizados com as versões inglesa e espanhola do SOFTA-s, nomeadamente ao nível da fiabilidade, quer com a versão para clientes, quer com a versão para terapeutas, têm revelado para a escala total valores de consistência interna elevados (entre .83 e .95) e para as subescalas valores um pouco inferiores (entre .62 e .80) (Friedlander et al., 2006; Muñiz, Escudero, Friedlander, Heatherington, & Varela, 2011). Apesar de os valores de consistência interna de algumas das subescalas não serem muito elevados, a fiabilidade é adequada para subescalas com apenas quatro itens (Friedlander et al., 2006). Em termos dos estudos de validade, foram encontradas associações significativas entre o SOFTA-s e o SOFTA-o, bem como entre o SOFTA-s e o *Working Alliance Inventory – Couples* (validade concorrente) (Horvath, Friedlander, Symonds, & Gruter- -Andrews, 2003). Um estudo recente (Muñiz et al., 2011), com a versão Espanhola do SOFTA-s, obteve ainda resultados interessantes do ponto de vista da validade convergente, evidenciando que autoperceções mais favoráveis acerca da aliança parecem estar associadas com as perceções acerca dos progressos na terapia, avaliadas com o *Penn Helping Alliance Questionnaire* (Luborsky, Crits-Cristoph, Alexander, Margolis, & Cohen, 1983). Finalmente, neste mesmo estudo, encontrou-se ainda evidência de validade preditiva, na medida em que uma autoperceção mais positiva da aliança, medida numa fase inicial da terapia, parece predizer a perceção de progresso numa fase final da terapia (Muñiz et al., 2011).

A conceptualização e avaliação da aliança no domínio da terapia familiar e de casal implicam atender às diversas alianças estabelecidas: a) entre cliente e terapeuta; b) entre família/casal e terapeuta, e c) dentro da família/casal. Com o desenvolvimento do SOFTA procurou-se assim criar um sistema de avaliação que permitisse capturar não apenas o envolvimento do cliente na terapia e a sua ligação emocional com o terapeuta, como também dois aspetos únicos e interrelacionados desta modalidade de intervenção: o grau em que os clientes se sentem seguros para trabalhar na terapia com outros elementos da família e o grau em que os membros da família estão de acordo entre si sobre a necessidade, propósito, objetivos e valor da terapia conjunta.

2. Estudos em Portugal
Como foi desenvolvido/ adaptado e validado?

Estudos de tradução e adaptação

Os estudos de adaptação e validação do SOFTA-s (versão para clientes e versão para terapeutas) para o contexto português, decorridos entre outubro de 2010 e maio de 2013, poderão ser apresentados em duas etapas complementares: (a) tradução e adaptação cultural e (b) estudos de evidência de validade e precisão das escalas.

O estudo de tradução e adaptação do SOFTA-s foi realizado com base na técnica da tradução invertida (Gjersing, Caplehorn, & Clausen, 2010), tendo sido utilizados os mesmos procedimentos para ambas as versões. Assim, num primeiro momento, dois tradutores fluentes em português e inglês, independentes e qualificados, que conheciam os objetivos do estudo e os conceitos envolvidos, realizaram a tradução das escalas da língua inglesa para a língua portuguesa, resultando daí duas traduções independentes. Procedeu-se ao processo de retroversão das duas versões portuguesas por outros dois tradutores, igualmente independentes e qualificados, que não tiveram acesso à versão original. Obtiveram-se, assim, quatro versões, duas na língua portuguesa e duas na língua inglesa. A seguir, os quatro tradutores reuniram-se, juntamente com os elementos da equipa de investigação, com o objetivo de comparar a versão original e as versões traduzidas e realizar as modificações das versões preliminares. Nesta fase, recorreu-se também à versão espanhola da escala com o objetivo de clarificar termos potencialmente ambíguos. Por último, os elementos da equipa de investigação efetuaram uma revisão da versão portuguesa do SOFTA-s resultante das etapas anteriores. As poucas mudanças efetuadas restringiram-se à substituição de palavras pouco usadas por sinónimos mais frequentes, resultando na versão final do SOFTA-s (Tradução portuguesa: Sotero, Relvas, Portugal, Cunha, & Vilaça, 2010). A versão portuguesa do SOFTA-s foi ainda sujeita a um estudo piloto, tendo sido administrada a um pequeno grupo de clientes e terapeutas com o objetivo de avaliar a sua compreensão e clareza, não tendo sido registadas quaisquer alterações.

Após a conclusão do estudo de tradução e adaptação do SOFTA-s (versão para clientes e versão para terapeutas) para a população portuguesa, procedemos à sua administração, em contexto de terapia familiar sistémica. A amostra utilizada para o estudo de ambas as versões é, assim, uma amostra clínica e de conveniência, recolhida em Centros de Terapia Familiar da zona centro do país (Aveiro e Coimbra) e regiões autónomas (Ponta Delgada e Funchal), cuja intervenção se baseia nas linhas gerais da abordagem sistémica no trabalho com famílias, casais ou outros grupos relacionais (e.g., o envolvimento na terapia de mais do que uma pessoa, o foco na relação) (European Family Therapy Association, 2009), entre novembro de 2010 e fevereiro de 2013.

No estudo da versão para clientes do SOFTA-s, a escala foi administrada no final da primeira sessão de terapia a 129 clientes participantes, 70 (54.3%) do sexo feminino e 59 (45.7%) do sexo masculino, com idades compreendidas entre os 12 e os 65 anos (M = 34.45, DP = 14.60). Em termos das faixas etárias, predominam as idades entre 12-24 (27.9%) e 40-49 (24.8%). Quanto ao estado civil, a maioria dos participantes é casada/em união de facto (49.6%), seguindo-se os solteiros (38.0%) e, por fim, os divorciados/separados ou viúvos (11.6%). A escolaridade dos participantes varia entre os sujeitos sem escolaridade (1.6%) e os doutorados (2.3%), prevalecendo os sujeitos com o 3º ciclo básico completo (32.6%). Relativamente ao local de residência, os participantes provêm de áreas predominantemente urbanas (APU) (65.9%) e moderadamente urbanas (AMU) (34.1%) (INE, 2002). Quanto ao nível socioeconómico (NSE) dos participantes profissionalmente ativos, calculado com base na categorização proposta por Simões (2000), a qual cruza os dados relativos às profissões com as habilitações literárias dos sujeitos, verificamos que a categoria mais representativa é o NSE médio (79.4%), seguindo-se o NSE elevado (19.1%) e o NSE baixo (1.6%). Por fim, em termos das características familiares dos participantes, na sua maioria o agregado familiar é composto por três a quatro elementos (73.6%), sendo a maior parte dos respondentes mães (39.5%) e filhos (31.8%). Recorrendo à tipologia do ciclo vital familiar proposta por Relvas (1996), verificamos que o maior número de sujeitos se encontra na etapa família com filhos adolescentes (43.4%, n = 56).

A amostra utilizada para o estudo da versão para terapeutas do SOFTA-s é constituída por 93 aplicações (N = 93) administradas a um total de 35 terapeutas, do sexo feminino (88.6%) e masculino (11.4%), com idades entre os 22 e os 48 anos (M = 29.43, DP = 6.62). Procedeu-se à organização das idades dos terapeutas através da constituição de faixas etárias, tendo como referência as idades representadas na amostra, verificando-se a prevalência das faixas etárias de 22-26 (40%) e 27-33 anos (40%). Em termos do grau de formação, a maioria dos terapeutas tem uma licenciatura pré-Bolonha (34.3%), seguindo-se os terapeutas com mestrado (31.4%), os estagiários finalistas do curso de Mestrado Integrado em Psicologia (25.7%) e, por fim, os doutorados (8.6%). A área de formação (licenciatura) predominante é a área de Psicologia (80.0%), enquanto os restantes terapeutas são licenciados em Serviço Social (20.0%). No início do processo terapêutico, momento da recolha dos dados sociodemográficos, a maioria dos terapeutas tinha a formação completa em Terapia Familiar e Intervenção Sistémica da Sociedade Portuguesa de Terapia Familiar (51.4%), 5 a 8 anos de formação clínica (40%) e 1 a 4 anos de experiência clínica (45.7%). Especificamente em termos dos anos de experiência clínica em TFS, a maioria dos terapeutas apresentava 1 a 4 anos de experiência (45.7%).

Note-se que, dadas as dificuldades inerentes à recolha da amostra clínica considerando apenas a primeira sessão de terapia, a constituição de ambas as amostras teve em conta o critério de um rácio mínimo de 5 sujeitos por item (Pasquali, 1999). Desta forma, estabelecemos um limite mínimo de 80 participantes (5 x 16) para a amostra composta por clientes ($N = 129$) e por terapeutas ($N = 93$).

Estudos de validade interna: Análise fatorial exploratória (AFE) e análise fatorial confirmatória (AFC)

Validade interna do SOFTA-s (versão para clientes)

Num primeiro momento, procedeu-se à análise dos critérios de adequabilidade da amostra, tendo-se verificado a normalidade da distribuição (K-S = .074; p = .081). O teste de esfericidade de Bartlett ($\chi2$ = 607.056; gl = 120, $p < .001$) e o índice de Kaiser-Meyer-Olkin (KMO) (.828) indicam que a correlação entre os 16 itens que compõem a escala é significativa e adequada para a realização de uma análise de componentes principais (Pestana

& Gageiro, 2008). O critério de Kaiser (Kaiser, 1960), referente ao número de fatores a extrair (retenção de fatores com valores próprios superiores a 1, Pestana & Gageiro, 2008), apontou para uma solução de quatro fatores que explicavam 58.38% da variância total. Analisando a solução obtida, esta não se revelou satisfatória pois, apesar de emergir uma estrutura fatorial semelhante à versão original do SOFTA-s, não existia uma correspondência estatística e teórica com a escala original. A estrutura obtida revelou-se de difícil interpretação, verificando-se uma maior saturação dos itens nos dois primeiros fatores (Fator 1 e Fator 2), enquanto os outros dois (Fator 3 e Fator 4), individualmente, explicam menos de 9% da variância. De seguida, recorremos à análise do teste *scree* de Cattell (Cattell, 1966), a qual revela uma inflexão após o segundo componente, apontando para a retenção de dois fatores (cf. Figura 1). Esta última análise foi complementada com a Análise Paralela (AP) (Horn, 1965), cujos resultados indicam, com base na matriz de dados com a mesma dimensão gerada aleatoriamente (16 variáveis x 129 respondentes), que apenas os primeiros 2 fatores apresentam *eigenvalues* superiores aos valores de critério correspondentes.

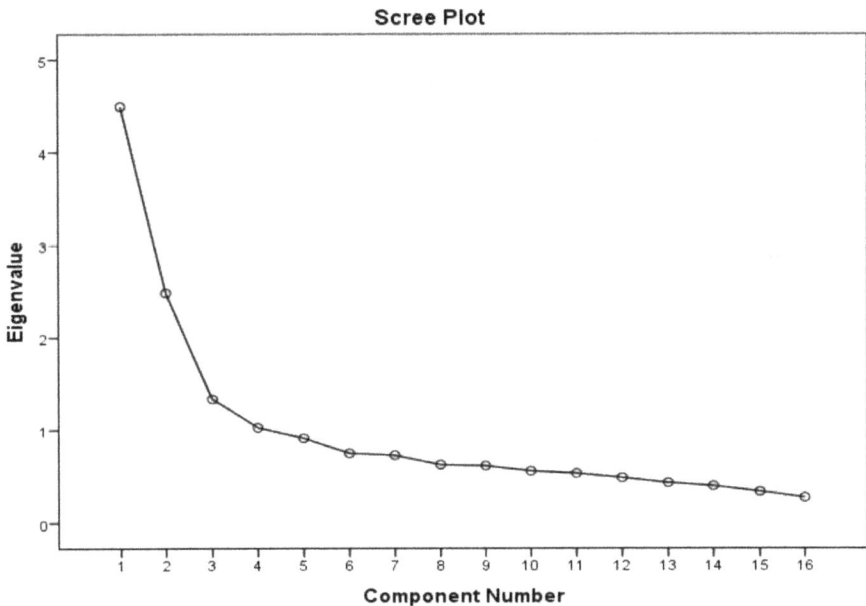

Figura 1. Gráfico de variâncias de *scree plot* – SOFTA-s (clientes)

Atendendo à convergência dos resultados do *scree plot* e da AP, que apontam para a extração de dois fatores, divergindo do critério de Kaiser que apontava para quatro, decidiu-se repetir a AFE, forçando a extração de dois fatores (cf. Quadro 2). Os dois fatores sujeitos ao método de rotação ortogonal *Varimax* explicam 43.619% da variância total, com retenção dos itens com saturações superiores a .30 (Almeida & Freire, 2003). Assim, o primeiro fator (F1) inclui 11 itens (explicando 27.347% da variância) e o segundo fator (F2) é composto por cinco itens (que explicam 16.272% da variância). Atendendo ao conteúdo dos itens que compõem cada fator, teoricamente o F1 corresponde às Forças da Aliança Terapêutica (e.g., "O terapeuta compreende-me", "O terapeuta e eu trabalhamos juntos como uma equipa"), enquanto o F2 diz respeito às Dificuldades da Aliança (e.g., "Há alguns temas que receio abordar na terapia", "Por vezes sinto-me à defesa nas sessões"). De notar que o item 7 apresenta a uma carga fatorial semelhante em ambas as subescalas tendo, no entanto, sido incluído no F1 por uma questão de coerência teórica, ou seja, por corresponder a uma potencialidade da aliança terapêutica.

Quadro 2.
Matriz rodada, comunalidades e variância explicada (Rotação Varimax) – SOFTA-s (clientes)

Itens		Fatores		
		1	2	h^2
1.	O que acontece na terapia pode...	.734		.589
13.	Eu entendo o que está a ser...	.712		.515
10.	O terapeuta tornou-se numa...	.712		.507
9.	O terapeuta e eu trabalhamos...	**.699**	.364	.621
3.	As sessões de terapia ajudam...	.692		.482
8.	Todos nós que vimos à terapia...	**.633**	.314	.499
2.	O terapeuta compreende..	.580		.343
4.	Todos os membros da família...	.568		.329
16.	Na familia cada um...	.567		.329
6.	O terapeuta está a fazer...	.532		.288
15.	Por vezes, sinto-me...		**.737**	.549
5.	Para mim é dificil conversar...		**.697**	.511
11.	Há alguns temas que...		**.635**	.431
14.	Faltam conhecimentos...		**.634**	.416

12. Alguns membros da família...		**.576**	.333
7. Sinto-me cómodo/a...	**.345**	.345	.239
% variância explicada		27.347	16.272

Nota. Cargas fatoriais (*loadings*) ≥ .35 assinaladas a negrito.

Para averiguar a adequabilidade do modelo resultante da AFE, realizámos uma AFC do modelo bifatorial: F1 (Forças da Aliança – itens 1, 2, 3, 4, 6, 7, 8, 9, 10, 13 e 16) e F2 (Dificuldades da Aliança - itens 5, 11, 12, 14 e 15). Como indica o Quadro 3, a estrutura bifatorial apresenta índices de ajustamento adequados para o modelo re-especificado – $\chi2$ = 124.817 (p = .026), $\chi2/gl$ = 1.300, *CFI* = .944, *GFI* = .895, *RMSEA*: .048 (Limite inferior: p < .05; Limite superior: p < .10) – uma vez que $\chi2/gl$ é inferior a 5, o *CFI* é superior a .90, o *GFI* está próximo de .90 e o *RMSEA* é inferior a .10 (Maroco, 2010) (cf. Quadro 3). Para o ajustamento do modelo, foram acrescentadas correlações entre os itens, sugeridas pelos índices de modificação, sempre que o índice de modificação era significativo e fazia sentido teoricamente. Um exemplo disso é a correlação estabelecida entre os erros do item 1 "O que acontece na terapia pode solucionar os nossos problemas" e item 9 "O terapeuta e eu trabalhamos juntos como uma equipa", pois ambos os itens remetem para o envolvimento na terapia.

Quadro 3.
Índices de adequação dos modelos testados – SOFTA-s (clientes)

	Índice			
Modelo	$\chi2$	*GFI*	*CFI*	*RMSEA*
Inicial	192.654 (*gl* = 104)	.839	.829	.082
Re-especificado	124.817 (*gl* = 96)	.895	.944	.048

GFI – Goodness-of-Fit Index; CFI – Comparative Fit Index; RMSEA – Root Mean Square Error of Aproximation

Validade interna do SOFTA-s (versão para terapeutas)

A adequação da amostra para a realização da AFE na versão para terapeutas do SOFTA-s foi confirmada através do índices de *KMO* (.820) e do Teste de Esfericidade de Bartlett ($\chi 2$ = 566.984; *gl* = 120, *p* < .001), sendo igualmente verificada a normalidade da distribuição dos dados (*K-S* = .083, *p* = .127) (Pestana & Gageiro, 2008). A este propósito, note-se que a dimensão da amostra (*N* = 93) cumpre o critério de rácio mínimo de cinco sujeitos por item para a realização de análises fatoriais (Pasquali, 1999).

Nesta análise foram replicados, com os necessários ajustamentos, os procedimentos atrás descritos para o estudo da versão clientes. O critério de Kaiser (valores de *eigenvalues* superiores a 1) apontou para a extração de três fatores na análise de componentes principais que explicavam 54.950% da variância total. Esta solução não se revelou satisfatória pois, para além de a estrutura fatorial não ser semelhante à da escala original (emergência de três fatores em vez de quatro), revelou-se também de difícil interpretação, verificando-se, ainda, uma grande concentração dos itens (13 itens) no primeiro fator, com os restantes dois a explicar menos de 11% da variância total. Uma vez que não era possível utilizar o critério da AP, dado o tamanho da amostra ser inferior a 100 sujeitos, decidiu-se repetir a AFE, forçando, primeiro, à extração de quatro fatores (tal como a versão original) e, depois, de dois fatores (conforme os resultados encontrados neste estudo para a versão para clientes). Quer a estrutura quadrifatorial, quer a bifatorial, mostraram não ser razoáveis, na medida em que a distribuição dos itens pelos fatores não se enquadrava na definição desses componentes. Seguidamente, e uma vez que não era possível utilizar o critério da AP dado o tamanho da amostra ser inferior a 100 sujeitos, a partir do gráfico *scree plot* decidiu-se considerar, a título provisório, a existência de um único componente principal. Conforme se pode observar na Figura 2, o primeiro fator é nitidamente preponderante.

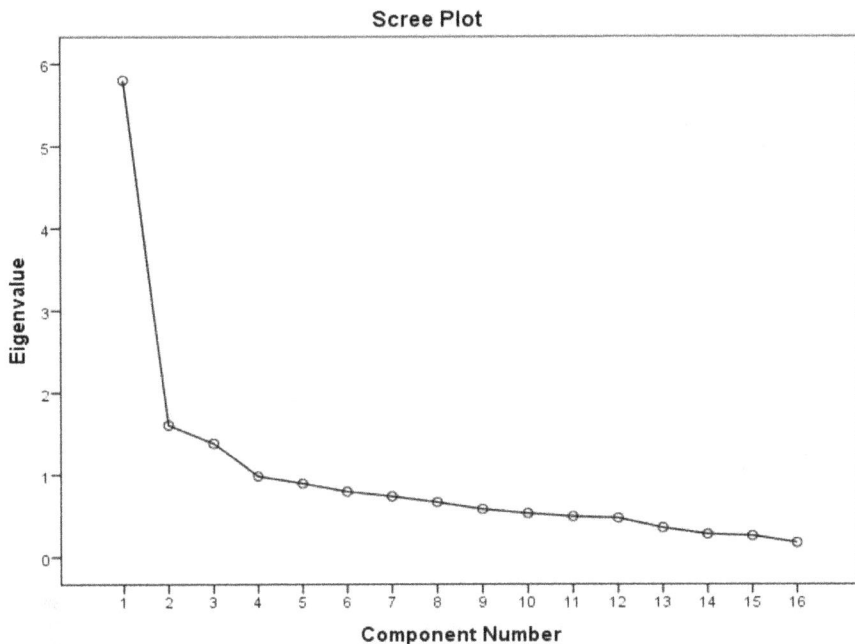

Figura 2. Gráfico de variâncias de *scree plot* – SOFTA-s (terapeutas)

Complementarmente, como se pode verificar no Quadro 4, o primeiro fator explica 36.257% da variância total e integra 15 dos 16 itens (só o item 14 não satura no fator 1) com saturações maioritariamente elevadas, com exceção para o item 6 que satura com um valor mais baixo (.309). Concluindo, uma estrutura unifatorial aparenta ser a que melhor representa, em termos gerais, o constructo em análise: a qualidade da aliança terapêutica.

Quadro 4.
Matriz não rodada, comunalidades e variância explicada – SOFTA-s (terapeutas)

Itens	Fatores			
	1	2	3	h²
8. Todos os que vêm à terapia...	.766		-.394	.766
12. Alguns membros da família...	.716		.375	.653
5. Para mim e para a família é...	.709			.574
16. Cada pessoa na família ...	.707			.517
9. A família e eu estamos...	.697		-.413	.665
7. Os membros da família sentem-se...	**.657**	-.417		.622
15. Por vezes alguns membros...	**.655**	-.367	.366	.697
13. O que esta família e eu...	.646			.482
4. Todos os membros da família...	.636		-.420	.597
3. As sessões têm ajudado...	.590			.392
1. O que acontece na terapia...	**.563**	.343		.440
2. Eu compreendo esta...	**.531**	.492		.557
10. Tornei-me numa pessoa...	.492			.266
14. Faltam-me conhecimentos...		.650		.485
6. Eu estou a fazer tudo o que...	.309	**-538**		.414
11. Há alguns temas que...	.484		**.603**	.664
% variância explicada	36.257	10.043	8.650	

Nota. Cargas fatoriais (*loadings*) ≥ .35 assinaladas a negrito.

Realizámos, de seguida, uma AFC de modo a testar a plausibilidade do modelo unidimensional. Os resultados de ajustamento global do modelo mostram um rácio de $\chi2/gl$ de 1.385, $\chi2$ = 132.944 ($p < .001$), *CFI* = .924, *GFI* = .849 e *RMSEA*: .065 (Limite inferior = $p < .05$; Limite superior: $p < .10$), indicando a adequabilidade do modelo, de acordo com os valores de referência (Maroco, 2010) (cf. Quadro 5). Mais uma vez, procedemos ao ajustamento do modelo, através de correlações entre os itens, de acordo com os índices de modificação sugeridos. Neste sentido, apenas foram consideradas alterações com sentido teórico e quando os índices de modificação eram elevados, como é o caso, por exemplo, da correlação entre os erros do item 11 "Há alguns temas que receio abordar na terapia" e o item 15 "Por vezes, sinto-me à defesa nas sessões", uma vez que, teoricamente, ambos se referem à abertura do cliente no contexto da terapia.

Quadro 5.
Índices de adequação dos modelos testados – SOFTA-s (terapeutas)

| Modelo | | Índice | | |
Modelo	χ2	GFI	CFI	RMSEA
Inicial	205.742 (gl = 104)	.774	.791	.103
Re-especificado	132.944 (gl = 96)	.849	.924	.065

GFI – *Goodness-of-Fit Index*; CFI – *Comparative Fit Index*; RMSEA – *Root Mean Square Error of Aproximation*

Estudos descritivos

As características descritivas dos 16 itens do SOFTA-s, versão para clientes e versão para terapeutas, encontram-se no Quadro 6 e 7 respetivamente, onde estão apresentados os valores da média, desvio-padrão, moda, assimetria, assimetria e curtose. Nestes mesmos quadros são também apresentadas as primeiras análises de consistência interna dos itens, especificamente os valores das correlações item-total corrigida e os valores do coeficiente alfa de Cronbach quando o item é excluído.

Quadro 6.
Estatísticas descritivas dos itens do SOFTA-s (versão para clientes) e consistência interna

Item	M	DP	Moda	Amplitude	Assimetria	Curtose	Correlação item-total corrigida	Alfa com item ex-cluído
1	3.87	0.78	4	1-5	-0.65	1.42	.37	.77
2	4.07	0.72	4	2-5	-0.37	-0.21	.41	.77
3	3.88	0.98	4	1-5	-0.90	0.71	.48	.76
4	4.38	0.79	5	1-5	-1.28	1.78	.43	.77
5	3.70	1.16	4	1-5	-0.64	-0.35	.41	.77
6	4.27	0.79	4	1-5	-1.40	3.39	.37	.77
7	3.78	1.01	4	1-5	-0.85	0.58	.37	.77
8	4.21	0.75	4	1-5	-1.06	2.22	.58	.76
9	3.99	0.86	4	1-5	-0.88	1.16	.67	.75
10	3.45	0.88	4	1-5	-0.69	0.82	.44	.77
11	3.70	1.13	3[a]	1-5	-0.44	-0.59	*.14*	.79
12	3.67	1.17	5	1-5	-0.37	-0.80	*.26*	.78
13	4.00	0.83	4	1-5	-1.09	2.40	.43	.77
14	4.23	1.16	5	1-5	-1.45	0.96	.35	.77
15	3.77	1.15	5	1-5	-0.44	-0.88	*.25*	.78
16	3.49	1.00	3	1-5	-0.57	0.50	.33	.77

Nota. Os valores assinalados a itálico correspondem a itens com valores inferiores ao desejável (.30).
[a]Item plurimodal (valor 3 e 5). É apresentado o valor mais baixo.

Relativamente aos itens que constituem a versão para clientes do SOFTA-s (Quadro 6), o item que apresenta a média mais elevada (*M* = 4.38; *DP* = 0.79) é o item 4 "Todos os membros da família que vêm à terapia querem o melhor para a nossa família e querem resolver os nossos problemas", enquanto a média mais baixa (*M* = 3.45; *DP* = 0.88) surge no item 10 "O terapeuta tornou-se numa pessoa importante na minha vida". Os sujeitos utilizaram as cinco possibilidades de resposta para todos os itens, com exceção do item 2, e o valor mais frequentemente registado foi 4 ("Bastante"). Em relação à assimetria, os itens apresentam-se assimétricos negativos, com destaque para um maior afastamento do item 14 (assimetria = -1.45). Em termos do achatamento, os itens denotam uma ligeira tendência leptocúrtica (Pestana & Gageiro, 2008), apresentando um maior afastamento nos itens 1, 4, 6, 8, 9 e 13.

Quadro 7.
Estatísticas descritivas dos itens do SOFTA-s (versão para terapeutas) e consistência interna

Item	M	DP	Moda	Amplitude	Assimetria	Curtose	Correlação item-total corrigida	Alfa com item excluído
1	3.74	0.67	4	2-5	-0.07	-0.14	.50	.87
2	3.99	0.72	4	2-5	-0.17	-0.49	.47	.87
3	3.51	0.69	3	2-5	0.18	-0.18	.51	.86
4	4.11	0.80	4	2-5	-0.33	-1.00	.53	.86
5	3.85	0.92	4	1-5	0.81	0.39	.65	.86
6	4.17	0.60	4	3-5	-0.08	-0.33	*.27*	.87
7	3.24	0.84	3	1-5	-0.02	-0.27	.57	.86
8	3.59	0.73	4	2-5	-0.24	-0.12	.67	.86
9	3.52	0.69	4	2-5	-0.47	-0.12	.59	.86
10	2.72	0.60	3	1-4	-0.13	-0.05	.42	.87
11	3.87	0.86	3	1-5	0.34	-0.02	.42	.87
12	3.66	1.00	4	1-5	0.48	-0.23	.67	.86
13	4.04	0.62	4	3-5	-0.03	-0.37	.57	.86
14	3.63	0.76	4	1-5	-0.47	0.80	*.11*	.88
15	3.12	0.93	3	1-5	-0.57	-0.17	.59	.86
16	3.24	0.70	3	1-5	-0.36	0.28	.62	.86

Nota. Os valores assinalados a itálico correspondem a itens com valores inferiores ao desejável (.30).

Como se pode ver pelo Quadro 7, relativo aos itens da versão SOFTA-s para terapeutas, a média mais elevada (*M* = 4.17; *DP* = 0.60) corresponde ao item 6 "Eu estou a fazer tudo o que é possível para ajudar esta família", enquanto o item 10 "Tornei-me numa pessoa importante na vida desta família" apresenta a média mais baixa (M = 2.72; DP = 0.60). Quanto à moda, os valores variam entre 3 e 4, predominando o 4 ("Bastante"). Em termos da amplitude de resposta, os terapeutas responderam maioritariamente com cinco (1-5) ou quatro (2-5) possibilidades de resposta. Relativamente à assimetria, os itens apresentam-se, em geral, assimétricos negativos, sendo o item 5 (assimetria = -0.81) o que mais se afasta do valor zero. Os valores da curtose situam-se maioritariamente no intervalo desejável de -0.5 a 0.5, denotando uma distribuição platicúrtica (Pestana & Gageiro, 2008), com um maior afastamento nos itens 4 e 14.

Estudos de precisão

Os estudos de precisão realizaram-se através do cálculo da medida de consistência interna do coeficiente alfa de Cronbach, para a escala total e para os fatores que a compõem. Na versão para clientes do SOFTA-s, o valor obtido para a consistência da escala é de .78, constituindo um nível de fidelidade razoável (Pestana & Gageiro, 2008), embora ligeiramente inferior às versões originais (versão espanhola = .83; versão inglesa = .87). Em relação aos fatores, este valor é bom no caso da Fator 1 (α = .84) e razoável para o Fator 2 (α = .70) (Pestana & Gageiro, 2008). A versão para terapeutas, por sua vez, apresenta um nível de fidelidade bom (α = .87) para a escala total (Pestana & Gageiro, 2008), com um valor intermédio entre as duas versões originais (versão espanhola = .84; versão inglesa = .95).

As correlações item-total corrigidas excedem o valor recomendado de .30, à exceção do item 11, 12 e 15 na versão para clientes (cf. Quadro 6) e do item 6 e 14 na versão para terapeutas (cf. Quadro 7), demonstrando assim a homogeneidade da escala (Almeida & Freire, 2003). Contudo, em ambas as versões do SOFTA-s, os valores do alfa de Cronbach da escala total não aumentam de forma expressiva com a exclusão dos referidos itens (cf. Quadros 6 e 7).

3. Como se aplica, cota e interpreta?

Desenvolvido com o objetivo de avaliar o que clientes e terapeutas pensam e sentem acerca da aliança estabelecida entre ambos, o SOFTA-s é aplicado, obviamente, em amostras clínicas, tendo sido especificamente desenvolvido para a terapia conjunta familiar e de casal. Deve ser administrado, imediatamente após a sessão, a terapeutas (versão para terapeutas) ou a indivíduos, casais e famílias (versão para clientes) desde que os seus elementos tenham idade igual ou superior a 12 anos. Apesar de ter sido originalmente desenvolvido para efeitos de investigação do processo terapêutico em terapia familiar e de casal, o SOFTA-s é também uma ferramenta útil para a própria prática clínica, bem como para a formação e supervisão de terapeutas (Friedlander et al., 2006), como inicialmente explicámos. O tempo médio de preenchimento do SOFTA-s varia entre 5 a 10 minutos.

Cada uma das versões é composta por 16 itens positivos e negativos e a resposta a cada um dos itens é dada numa escala de tipo *Likert*, de 1 (*Nada*) a (5 *Muito*). Para ambas as versões, poderá ser calculado um resultado global (representativo da aliança em geral), que varia entre 16 e 80. O cálculo da pontuação global do SOFTA-s (versão para clientes e terapeutas) obtém-se, primeiro, invertendo os itens 5, 11, 12, 14 e 15 e depois somando os valores obtidos para todos os itens [SOFTA-s = (5R[1] + 11R + 12R + 14R + 15R) + 1 + 2 + 3 + 4 + 6 + 7 + 8 + 9 + 10 + 13 + 16]. Desta forma, pontuações totais mais elevadas correspondem a percepções da aliança mais favoráveis. Uma vez que a versão para terapeutas é unidimensional, apenas se calcula o resultado global da escala. Já para a versão clientes do SOFTA-s, para além do resultado global, poderão ser calculados os resultados das duas subescalas, que podem variar entre 11 e 55 para a subescala FA e entre 5 e 25 para a subescala DA. Os resultados para a subescala FA obtêm-se somando os 11 itens correspondentes à dimensão (FA = 1 + 2 + 3 + 4 + 6 + 7 + 8 + 9 + 10 + 13 + 16), pelo que resultados mais elevados correspondam a perceções de alianças mais fortes. A pontuação para a subescala DA

---

[1] Os itens invertidos estão identificados com R.

obtém-se somando os cinco itens que compõem a dimensão (DA = 5 + 11 + 12 + 14 + 15), sendo que resultados mais elevados correspondem a mais dificuldades sentidas no estabelecimento da aliança.

4. Vantagens, limitações e estudos futuros

O presente estudo procurou evidenciar as características psicométricas do SOFTA-s, designadamente a sua estrutura fatorial, numa amostra clínica de clientes e terapeutas, testando assim a sua validade e utilidade, tanto para fins de investigação como para a prática clínica. De uma forma geral, os estudos realizados permitem-nos afirmar que as características psicométricas do SOFTA-s validam a sua utilização científica e clínica, representando um contributo para o crescente, mas ainda débil, conjunto de instrumentos de avaliação disponíveis para o contexto da terapia familiar sistémica. Além disso, a principal vantagem na utilização do SOFTA-s consiste na sua brevidade e facilidade de aplicação, colocando ao dispor uma medida de um constructo tão relevante para o estudo do processo terapêutico, como é a aliança terapêutica, sem o recurso a técnicas demasiado exigentes ou dispendiosas como acontece com as medidas observacionais.

Os resultados obtidos mostram-nos que os dados da amostra portuguesa podem ser melhor representados por um modelo bifatorial na versão para clientes, enquanto na versão para terapeutas, o modelo unifatorial é a solução estatística que melhor se adequa aos dados analisados. Quando consideramos as possibilidades de utilização destas medidas na investigação do processo terapêutico em terapia familiar, este facto representa uma limitação, na medida em que estudos comparativos entre a aliança percepcionado por clientes e respetivos terapeutas só podem ser realizados utilizando os valores globais da aliança.

A versão portuguesa do SOFTA-s não inclui, assim, as subescalas contempladas na versão original, uma vez que as análises fatoriais (exploratória e confirmatória) dos itens não reproduziram a estrutura da escala original. Apesar da relevância das dimensões contempladas na versão original (Envolvimento no Processo, Conexão Emocional, Segurança e Partilha de

Objetivos), os próprios autores do SOFTA-s referem que estas quatro dimensões são produto do modelo teórico que nasce da versão observacional do instrumento (SOFTA-o), não sendo dimensões testadas empiricamente (Friedlander et al., 2006). Neste sentido, parece-nos compreensível que, analisando os itens do SOFTA-s segundo uma perspetiva empírica e não teórica, os dados não confirmem o modelo teórico. Por outro lado, apesar de as subescalas da versão clientes não representarem o modelo teórico do SOFTA, avaliam dois aspetos relevantes e transversais aos diversos modelos da aliança, concretamente os sentimentos, pensamentos, posicionamentos dos clientes face aos terapeutas e aos outros membros da família que, na relação terapêutica, facilitam (FA) ou dificultam (DA) o estabelecimento e desenvolvimento da aliança. Cremos, ainda, que a composição numerosa da amostra de terapeutas pode ser vista como um ponto forte deste estudo.

Em investigações futuras sobre o SOFTA-s, parece-nos importante realizar estudos de validade externa para ambas as versões (clientes e terapeutas), por exemplo, através de análises correlacionais com critérios externos (e.g, os resultados da terapia) e também com a versão observacional do SOFTA (SOFTA-o). Por fim, e apesar da restrição atrás apontada, seria ainda interessante realizar estudos de comparação dos resultados globais obtidos para os clientes e para os terapeutas, pois acreditamos que estes dados poderão ser importantes, tanto em termos da investigação, como em termos clínicos.

Bibliografia

Almeida, L. S., & Freire, T. (2003). *Metodologia da investigação em psicologia e educação* (3ª ed.). Braga: Psiquilibrios.

Blow, A. J., Sprenkle, D. H., & Davis, S. D. (2007). Is who delivers the treatment more important than the treatment itself? The role of the therapist in common factors. *Journal of Marital and Family Therapy, 33*(3), 298-317. doi:10.1111/j.1752-0606.2007.00029.x

Bordin, E. S. (1979). The generalizability of the psychoanalytic concept of the working alliance. *Psychotherapy: Theory, Research and Practice, 16*(3), 252-260. doi:10.1037/h0085885

Castonguay, L. G., Constantino, M. J., & Holtforth, M. G. (2006). The working alliance: Where are we and where should we go? *Psychotherapy: Theory, Research, Practice, and Training, 43*, 271-279. doi:10.1037/0033-3204.43.3.271

Cattell, R. B. (1966). The scree test for the number of factors. *Multivariate Behavioral Research, 1*(2), 245-276.

Davis, S, & Piercy, F. (2007). What clients of couple therapy model developers and their former students say about change, part I: Model-dependent common factors across three models. *Journal of Marital and Family Therapy, 33*(3), 318-343. doi:10.1111/j.1752-0606.2007.00030.x.

Drisco, J. (2004). Common factors in psychotherapy outcome: Meta-analytic finding and their implications for practice and research. *Families in Society: The Journal of Contemporany Social Services. Alliance for Children and Families, 85*(1), 81-90. doi:10.1606/1044-3894.239.

Escudero, V., Friedlander, M. L., Varela, N., & Abascal, A. (2008). Observing the therapeutic alliance in family therapy: associations with participants's perceptions and therapeutic outcomes. *Journal of Family Therapy, 30*, 194-214. doi:10.1111/j.1467-6427.2008.00425.x.

European Family Therapy Association (2009). *EFTA Research SCORE Project Full Administration Protocol*. Documento não publicado.

Friedlander, M. L., Escudero, V., & Heatherington, L. (2006). *Therapeutic alliances in couple and family: An empirically informed guide to practice*. Washington, DC: American Psychological Association.

Friedlander, M. L., Escudero, V., Horvath, A.O., Heatherington, L., Cabero, A., & Martens, M. P. (2006). System for Observing Family Therapy Alliances: A tool for research and practice. *Journal of Counseling Psychology, 53*(2), 214-224. doi:10.1037/0022-0167.53.2.214

Friedlander, M., Wildman, J., Heatherington, L., & Skowron, E. A. (1994). What we do and don´t know about the process of family therapy. *Journal of Family Psychology, 8*, 390-416.

Gjersing, L., Caplehorn, J., & Clausen, T. (2010). Cross-cultural adaptation of research instruments: Language, setting, time and statistical considerations. *BMC Medical Research Methodology, 10*(13), 101-110. doi:10.1186/1471-2288-10-13

Horn, J. L. (1965). A rationale and test for the number of factors in factor analysis. *Psychometrika, 30*(2), 179-185.

Horvath, A. O., Del Re, A. C., Fluckiger, C., & Symonds, D. (2011). Alliance in individual Psychotherapy. *Psychotherapy, 48*, 9-16. doi:10.1037/a0022186

Horvath, A. O., Friedlander, M. L., Symonds, D., & Gruter-Andrews, J. (2003, November). *Perspectives of alliance in couples therapy: Contrasting the "lived" and the "observed" relationships*. Paper presented at the bi-annual conference of the North American Society for Psychothcrapy Research, Newport, RI.

Hubble, M., Duncan, B., & Miller, S. (2006). *The heart and soul of change: What works in therapy*. Washington: American Psychological Association.

Instituto Nacional de Estatística (2002). *Censos 2001: Resultados definitivos*. Disponível em: http://www.ine.pt/xportal/xmain?xpid=INE&xpgid=ine_destaques&DESTAQUESdest_boui=71467&DESTAQUESmodo=2

Johnson, L., Wright, D., & Ketring (2002). The therapeutic alliance in home-based family therapy: is it predictive of outcome? *Journal of Marital and Family Therapy, 28*(1), 93--102. doi:10.1111/j.1752-0606.2002.tb01177.x.

Kaiser, H. F. (1960). The application of electronic computers to factor analysis. *Educational and Psychological Measurement, 20*, 141-151.

Knobloch-Fedders, L., Pinsof, W., & Mann, B. (2004). The formation of the therapeutic alliance in couple therapy. *Family Process, 43*(4), 425-442. doi:10.1111/j.1545-5300.2004.00032.x.

Lambert, M. J. (1992). Implications of outcome research for psychotherapy integration. In J. C. Norcross, & M. R. Goldfried (Eds.), *Handbook of psychotherapy integration* (pp. 94-129). New York: Basic Books.

Luborsky, L., Crits-Cristoph, P., Alexander, L., Margolis, M., & Cohen, M. (1983). Two helping alliance methods for predicting outcomes of psychotherapy: A counting signs vs. global rating method. *Journal of Nervous and Mental Disease, 171*, 480-491.

Maroco, J. (2010). Análise de equações estruturais: Fundamentos teóricos, software & aplicações. Pêro Pinheiro: ReportNumber.

Muñiz, C., Escudero, V., Friedlander, M.L., Heatherington, L. & Varela, N. (2011, June). *The Self-Report version of the SOFTA (System for Observing Family Therapy Alliances): Reliability and validity.* Poster session presented at the 42nd International Meeting of the Society for Psychotherapy Research, Bern, Switzerland.

Norcross, J. C. (2002). Empirically supported therapy relationship. In J. C. Norcross (Ed.), *Psychotherapy relationships that work: Therapist contributions and responsiveness of patients* (pp. 3-16). New York: Oxford University.

Norcross, J. C. (2010). The therapeutic relationship. In B. L. Duncan, S. D. Miller, B. E. Wampold, & M. A. Hubble (Eds.), *The heart & soul of change of change: Delivering what works in therapy* (2nd ed., pp. 113-141). Washington: American Psychological Association.

Pasquali, L. (1999). Testes referentes a constructo: Teoria e modelo de construção. In L. Pasquali (Org.), *Instrumentos psicológicos: Manual prático de elaboração* (pp. 37-71). Brasília: LabPAM.

Pestana, M. H., & Gageiro, J. (2008). *Análise de dados para ciências sociais - A complementaridade do SPSS* (5ª ed.). Lisboa: Sílabo.

Pinsof, W. B., & Catherall, D. (1986). The integrative psychotherapy alliance: Family, couple, and individual therapy scales. *Journal of Marital and Family Therapy, 12*, 137-151.

Quinn, W., Dotson, D., & Jordan, K. (1997). Dimensions of therapeutic alliance and their associations with outcome in family therapy. *Psychotherapy Research, 7*(4), 429-438. doi:10.1080/10503309712331332123

Relvas, A. P. (1996). *O ciclo vital da família. Perspetiva sistémica.* Porto: Afrontamento.

Ribeiro, E. (2009). *Aliança terapêutica: Da teoria à prática clínica.* Braga: Psiquilibrios.

Sexton, T., Ridley, C., & Kleiner, A. (2004). Beyond common factors: Multilevel-process model of therapeutic change in marriage and – family therapy. *Journal of Marital and Family Therapy, 30*(2), 131-149. doi:10.1111/j.1752-0606.2004.tb01229.x.

Simões, M. (2000). *Investigação no âmbito da aferição nacional do teste das Matrizes Progressivas Coloridas de Raven (M.P.C.R.).* Lisboa: Fundação Calouste Gulbenkian/ Fundação para a Ciência e Tecnologia.

Sprenkle, D., & Blow, A. J. (2004). Common factors and our sacred models. *Journal of Marital and Family Therapy, 30*(2), 113-129. doi:10.1111/j.1752-0606.2004.tb01228.x

Sprenkle, D., Davis, S., & Lebow J. (2009). *Common factors in couple and family therapy: The overlooked foundation for effective practice.* New York: Guilford.

Symonds, B. D. (1998, june). *A measure of the alliance in couple therapy.* Paper presented at the annual conference of the International Society for Psychotherapy Research, Snowbird, Utah.

Symonds, B. D., & Horvath, A. O. (2004). Optimizing the alliance in couple therapy. *Family Process, 43*(4), 443-455. doi:10.1111/j.1545-5300.2004.00033.x

ESCALA DE OBJETIVOS ATINGIDOS (GAS)

Luciana Sotero
Ana Paula Relvas

"...GAS is not only a technique for measuring outcomes
but perhaps also a facilitator of goal attainment."

(Schlosser, 2004, p. 225)

Resumo

A Escala de Objetivos Atingidos é a versão Portuguesa da *Goal Attainment Scaling* (GAS; Kiresuk & Sherman, 1968) e pode ser utilizada na investigação ou na prática clínica como um método de avaliação dos resultados obtidos na terapia familiar, num programa de intervenção ou noutro tipo de serviço de apoio orientado para a família. Esta versão é adaptada ao contexto de intervenção familiar, embora a GAS possa ser utilizada numa diversidade de populações e contextos. No início do processo de intervenção, este método permite identificar os objetivos que se pretendem atingir, analisando-se posteriormente em que medida foram atingidos enquanto resultado da intervenção. Com base numa amostra aleatória de 40 processos de Terapia Familiar Sistémica foram realizados estudos de fiabilidade (acordo interavaliadores) e validade (conteúdo e social). As vantagens e limitações na aplicação deste método de avaliação são exploradas, tal como são feitas algumas recomendações com vista a promover uma implementação apropriada.

DOI: http://dx.doi.org/10.14195/978-989-26-0839-6_7

Palavras-chave: resultados terapêuticos, objetivos terapêuticos, intervenção familiar, GAS.

Abstract

The Portuguese version of the Goal Attainment Scaling (GAS; Kiresuk & Sherman, 1968) is the *Escala de Objetivos Atingidos* and can be used in research or clinical practice as a method for evaluating the results obtained in family therapy, in an intervention program or in other support services oriented to the family group. This version is adapted to the context of family intervention, although the GAS can be used in several populations and contexts. At the beginning of the intervention, this method allows to identify the goals to be achieved, later analyzing the extent to which they were achieved as a result of the intervention. Based on a random sample of 40 cases of Systemic Family Therapy studies of reliability (interrater agreement) and validity (content and social) were performed. The advantages and limitations of using this method of evaluation are explored and some recommendations are made to promote an appropriate implementation.

Keywords: therapeutic outcomes, therapeutic goals, family intervention, GAS.

1. Instrumento
O que é, o que avalia e a quem se aplica?

No Quadro 1 encontra-se a ficha técnica relativa à *Escala de Objetivos Atingidos*, versão portuguesa da *Goal Attainment Scalling* (GAS; Kiresuk & Sherman, 1968).

Quadro 1.
Ficha técnica da GAS

O que é?	A *Escala de Objetivos Atingidos* é a versão portuguesa, adaptada ao contexto de intervenção familiar, da *Goal Attainment Scaling* (GAS) publicada em 1968 por T. J. Kiresuk e R. E. Sherman. Em concreto, a versão aqui apresentada é baseada na versão desenvolvida pela Unidade de Intervenção Familiar da Universidade da Corunha – Espanha (López & Escudero, 2003) e pelo Centro de Estudos Sociais Aplicados da Universidade de Durham (Inglaterra)
O que avalia?	A GAS foi concebida originalmente na área da saúde mental com o objetivo de avaliar os resultados de uma determinada intervenção, de acordo com objetivos específicos previamente definidos. É uma abordagem de avaliação individualizada, i.e., centrada no cliente ou grupo (Young & Chesson, 1997) e que permite avaliar longitudinalmente a mudança (Ottenbacher & Cusick, 1990). O processo proposto consiste na identificação prévia dos objetivos a atingir com a intervenção e na avaliação posterior do grau em que estes foram alcançados. A versão da GAS aqui apresentada é constituída por cinco níveis de mudança (+2, +1, 0, -1, -2), para cada uma das metas definidas (geralmente três), podendo ser adicionalmente calculado um índice global de mudança (entre +6 e −6) que traduz a evolução do caso, atendendo ao conjunto das metas pré-estabelecidas

Estrutura da GAS

Níveis de Mudança	*Pontuação*	Metas
Melhoria Acentuada	+2	As metas devem ser: - formuladas de modo colaborativo entre a família e o interventor; - representativas do que é esperado alcançar-se; - pelo menos duas e menos de quatro; - realistas, relevantes e a sua concretização deve poder ser avaliada e escalonada
Melhoria Moderada	+1	
Situação Atual	0	
Agravamento Moderado	-1	
Agravamento Acentuado	-2	

A quem se aplica?	Esta versão é aplicável no contexto da intervenção familiar, podendo ser utilizada para avaliar os resultados obtidos com uma terapia familiar, programa de intervenção ou outro tipo de serviço de apoio orientado para a família, embora a GAS possa ser utilizada numa diversidade de populações (e.g., doentes com lesões cerebrais, doentes crónicos, idosos, crianças) e contextos (e.g., reabilitação, educação, pediatria, cuidados de enfermagem, terapia ocupacional)

Como ter acesso?	O acesso à GAS pode ser efetuado através da página http://www. fpce.uc.pt/avaliaçaofamiliar que contém todos os instrumentos de avaliação apresentados neste livro. Os utilizadores deverão facultar os contactos pessoais e institucionais, bem como dados acerca do propósito da utilização da GAS (e.g., investigação, prática clínica) e concordar com as condições de utilização e de partilha dos resultados com os autores da versão portuguesa

Fundamentação e história

A avaliação do impacto de uma intervenção é uma questão de longa data (Simeonsson, Bailey, Huntington, & Brandon, 1991), continuando hoje em dia a ser debatida a sua eficácia e eficiência. Avaliar os resultados de uma intervenção é importante por razões práticas e éticas (Simeonsson et al., 1991). Em termos práticos porque permite identificar as intervenções que possibilitam alcançar os resultados previstos, de modo a poder replicar e generalizar essas intervenções. Do ponto de vista ético porque viabiliza um compromisso entre cliente e interventor que clarifique e informe sobre os propósitos da intervenção, a natureza dos problemas em causa e a duração da intervenção.

Segundo Kiresuk e Sherman (1968), a avaliação das intervenções oferecidas pelos serviços de saúde mental é especialmente pertinente porque, apesar de se considerar útil a diversidade de modelos teóricos, terapias e técnicas na área da saúde mental, a multiplicidade de opções intensifica a necessidade de programas de avaliação que permitam justificar a utilização de recursos económicos e humanos numa determinada terapia em particular. No entanto, o problema central é determinar um *design* de investigação e um método de avaliação que seja aplicável às diferentes intervenções (Kiresuk & Sherman, 1968).

Apesar de nos anos 60 ser prática comum a tendência para usar uma bateria fixa de instrumentos, independentemente das características dos clientes e dos problemas em causa, esta levantava a objeção dos clínicos que argumentavam acerca da irrelevância de determinadas variáveis que eram avaliadas em detrimento de outras (Kiresuk & Sherman, 1968). Foi com o objetivo de dar resposta a estas considerações que Kiresuk e Sherman criaram um método de avaliação dos resultados que permite relacionar diretamente a intervenção desenvolvida com objetivos claramente definidos e, posteriormente, demonstrar o nível em que foram atingidos. Designada por *Goal Attainment Scalling* (GAS), o procedimento de medida descrito é simultaneamente um método de definição de metas e de avaliação do cumprimento das mesmas, o qual permite determinar a extensão em que essas metas são alcançadas e comparar a eficácia relativa das intervenções utilizadas para as atingir. Segundo o procedimento original, são definidos pelo interventor (ou por uma equipa - *goal selection committee*) os objetivos a atingir e a escala de resultados prováveis, organizada dos mais (+2) para os menos favoráveis (-2). Numa fase posterior, após um intervalo temporal predeterminado (e.g., 6 meses após o início da intervenção), interventor e clientes avaliam o progresso que foi feito em direção aos objetivos anteriormente determinados. A escala é composta por uma gradação de resultados prováveis relacionados com os objetivos. Por exemplo, para um cliente cujo objetivo é alcançar uma maior independência da mãe, um dos níveis da escala pode ser regressar à escola ou realizar atividades que não envolvam a participação da mãe. É importante que os diferentes níveis de mudança sejam identificados em termos da presença ou ausência de determinados eventos, os quais possam ser facilmente verificados. Como se verá adiante, a aplicação da GAS em múltiplos contextos fez com que fossem surgindo novas variantes do procedimento original, encontrando-se estudos em que a definição dos objetivos e/ou a própria avaliação dos resultados foi conduzida por profissionais, clientes, avaliadores externos ou diferentes combinações destas possibilidades.

Composto por três etapas, o método originalmente proposto inclui a técnica de escalonamento e um *design* de avaliação comum a todas as modalidades de terapia: (1) seleção dos objetivos e escalonamento; (2) distribuição aleatória dos pacientes por uma das modalidades de tratamento; e (3) avaliação, após a intervenção, dos objetivos e níveis da escala atingidos. A medida em que as metas são atingidas é avaliada através de análise visual ou análise estatística (Schlosser, 2004). A análise visual envolve a comparação do desempenho inicial com o nível de realização atingido por objetivo e no conjunto dos objetivos após a intervenção. A análise estatística compreende o cálculo de uma pontuação global (somatório das pontuações) e a sua conversão num valor padronizado (Resultado T; $M=50$; $DP=10$), através de uma fórmula matemática (Kiresuk & Sherman, 1968; Kiresuk, Smith, & Cardillo, 1994) ou da consulta de tabelas de referência, possibilitando então efetuar comparações.

Apesar de a ideia central da GAS não ser completamente nova no contexto clínico, a avaliação dos resultados a partir da definição de objetivos não estava claramente estabelecida. A definição demasiado vaga ou global dos objetivos dificultava, na maior parte das vezes, a avaliação e medição dos objetivos alcançados. Neste sentido, a GAS veio providenciar um enquadramento teórico e metodológico para o desenvolvimento de objetivos realistas, relevantes, compreensíveis, mensuráveis, atingíveis, limitados no tempo, socialmente funcionais e contextualmente relevantes (King, McDougall, Palisano, Gritzan, & Tucker, 1999; Ottenbacher & Cusick, 1990). Para além disso, proporciona um índice quantitativo de progressão que pode possibilitar a comparação do desempenho de um mesmo paciente ao longo do tempo ou a comparação dos desempenhos de diferentes pacientes sujeitos à mesma intervenção.

Pouco depois de ter sido desenvolvida, a GAS foi considerada a técnica de avaliação dos resultados mais popular no campo das ciências humanas (Cytrynbaum, Birdwell, Birdwell, & Brandt, 1979; King et al., 1999) e, desde então, tem sido aplicada com sucesso em diversas áreas: na saúde mental e psicoterapia (Grey & Moore, 1982; Kiresuk et al., 1994; Lewis, Spencer, Haas, & DiVittis, 1987), na educação (MacKay, Somerville, & Lundie, 1996), na reabilitação (Hurn, Kneebone, & Cropley, 2006; King et al., 1999; Rushton, & Miller, 2002), na terapia ocupacional (Ottenbacher & Cusick, 1990), na terapia da fala (Schlosser, 2004), na gerontologia (Stolee, Stadnyk, Myers, & Rockwood, 1999), entre outras áreas. Provavelmente existem várias razões que justificam a proliferação deste método de avaliação dos resultados, destacando-se entre esses argumentos (King et al., 1999; Ottenbacher & Cusick, 1990; Schlosser, 2004): (a) o facto de ser um procedimento bastante flexível que permite avaliar indivíduos ou grupos numa variedade de áreas; (b) proporcionar um sistema de avaliação que não é circunscrito a nenhuma orientação teórica ou terapia em particular; (c) revelar utilidade clínica, no sentido em que pode facilitar a concretização dos objetivos, uma vez que existem estudos (e.g., Smith, 1976) que sugerem um efeito promotor na motivação com vista à mudança aliado à tarefa de definir objetivos comportamentais relevantes; (d) permitir a seleção e definição de objetivos individualizados e específicos de modo a representar mudanças realistas e expectáveis.

A capacidade da GAS para possibilitar a avaliação de mudanças clínicas significativas (Kiresuk et al., 1994) que, muitas vezes, não são captadas por instrumentos estandardizados é provavelmente uma das suas maiores potencialidades (King et al., 1999). O facto de ter como referência critérios, em detrimento de normas, torna-a particularmente sensível a potenciais mudanças subtis que são percebidas como significativas no funcionamento do dia-a-dia. Em contrapartida, os instrumentos padronizados (e.g., *Family Needs Survey*; Bailey & Simeonsson, 1988) são frequentemente concebidos para avaliar uma vasta gama de áreas e algumas dessas áreas podem não refletir os objetivos terapêuticos, ou podem ser particularmente irrelevantes num determinado contexto de intervenção (King et al., 1999). A este propósito, diversos estudos têm evidenciado correlações baixas a moderadas entre a GAS e medidas padronizadas paralelas (King et al., 1998; Palisano, 1993; Simeonsson et al., 1991), havendo autores que defendem a utilização conjunta da GAS e de instrumentos estandardizados (King et al., 1998), com vista a fornecer uma avaliação formal mais abrangente dos resultados.

Apesar da versatilidade deste método de planeamento e avaliação da intervenção, existem limitações inerentes à sua aplicação que devem ser consideradas (King et al., 1999; Schlosser, 2004; Simeonsson et al., 1991; Smith, 1994), designadamente: (a) o enviesamento no escalonamento dos objetivos e na sua classificação (e.g., na definição de objetivos que são facilmente alcançáveis ou na consideração de melhorias que não são de facto reais); (b) o facto do treino e da implementação de procedimentos padronizados serem demorados mas essenciais quando os terapeutas não estão familiarizados com a GAS; (c) a impossibilidade de os terapeutas modificarem no decurso da intervenção os objetivos que foram previamente definidos, uma vez que o período de intervenção pode não ser suficientemente longo para que ocorra a mudança esperada a respeito de um objetivo novo ou modificado. Para além disso, os terapeutas não devem mudar os objetivos que percebem que não vão conseguir atingir, desvirtuando um dos pressupostos da GAS – a metodologia determina que os critérios de classificação para cada um dos níveis possíveis de mudança sejam pré-definidos e não especificados ao longo ou depois da intervenção; (d) fazer comparações justas e equitativas entre as metas e os indivíduos implica considerar a maneira como foram estabelecidas as metas. Ou seja, não é adequado comparar indivíduos para quem os objetivos foram definidos pelos profissionais, com indivíduos que estabeleceram eles próprios os objetivos, ou ainda com indivíduos que co-construíram as metas juntamente com os clínicos.

Neste sentido, a utilização apropriada da GAS depende muito da compreensão clara das suas potencialidades e limitações e da tomada de decisões refletidas a respeito da sua aplicação em contextos particulares. Contudo, existem linhas gerais orientadoras para a sua utilização (King et al., 1999; Kiresusk et al., 1994), devendo estas ser adaptadas a populações e contextos específicos, dos quais decorrem dificuldades e preocupações exclusivas.

A fiabilidade e validade da GAS podem assim ser melhoradas através do treino dos avaliadores, da adequada definição dos níveis de objetivos a atingir e da utilização de múltiplos avaliadores (Kiresuk et al., 1994). King e colaboradores (1999) também definem alguns procedimentos e ferramentas que ajudam a incrementar as qualidades psicométricas da GAS, nomeadamente: (a) utilizar avaliadores/terapeutas com um mínimo de experiência clínica, de modo a que sejam hábeis na definição de metas realistas; (b) recorrer à revisão por pares na fase de seleção dos objetivos; (c) assegurar uma boa descrição dos objetivos através do treino; (d) adoptar procedimentos padrão e *checklists* (e.g., *Goal Review Procedure, Common Errors in Creating GAS Scales*); e (e) recorrer a avaliadores independentes (i.e. avaliadores que não têm um investimento pessoal nos resultados).

Ainda que exista evidência crescente de que a GAS é uma forma útil de avaliar a mudança terapêutica, há questões que são frequentemente levantadas acerca da sua validade e fiabilidade (King et al., 1999). No que concerne à validade, e apesar de vários estudos terem demonstrado que este procedimento é válido em termos de conteúdo (Shefler, Canetti, & Wiseman, 2001; Stolee et al., 1999), constructo e critério (Shefler et al., 2001), esta deve ser avaliada caso a caso, atendendo às singularidades de cada contexto, problemática e/ou intervenção. Segundo Schlosser (2004), a evidência relativa à fiabilidade da GAS é escassa mas a que existe é incentivadora. Diversos estudos reportam assim bons níveis de acordo inter-juízes, com coeficientes de correlação intraclasse a variar entre .88 a .93 (Shefler et al., 2001; Stolee et al., 1999). Os resultados positivos encontrados foram atribuídos à utilização de indicadores claros, concretos e mensuráveis nas escalas de objetivos. Uma das críticas feitas aos dados da fiabilidade da GAS relaciona-se com, o facto desta análise retratar apenas a consistência dos resultados finais, sem atender ao processo de construção de orientações na avaliação final. Assim, uma das maiores críticas é que os resultados da GAS reflitam o conhecimento e a competência (ou a sua falta) e/ou os enviesamentos daqueles que constroem as escalas, tanto quanto refletem os resultados dos clientes (Cytrynbaum et al., 1979; Simeonsson et al., 1991). Estudos realizados para examinar as semelhanças entre escalas construídas por diferentes juízes para o mesmo cliente, revelaram resultados divergentes (Kiresuck, 1973; Shefler et al., 2001). Neste sentido, apesar de não ser um requisito de fiabilidade da GAS a construção de objetivos idênticos, até porque diferentes objetivos podem emergir do mesmo problema ou domínio a partir de avaliadores distintos (Smith, 1994), é contudo natural que a fiabilidade enfraqueça quando isso ocorre. A utilização de uma equipa de avaliadores e o seu treino adequado são elementos que poderão, provavelmente, reduzir esses enviesamentos (Bailey & Simeonssson, 1988). Outra recomendação (Schlosser, 2004) com vista a minimizar este viés é recorrer a diversas fontes de informação, quer baseadas em dados subjetivos (e.g., notas nos processos clínicos), quer sustentadas em dados objetivos (e.g., observação direta). Desta forma, para além do julgamento clínico, subjetivo, idiossincrático inerente às tarefas de determinar as potenciais mudanças e as mudanças alcançadas, os avaliadores deverão recorrer também a dados verificáveis e, por isso, mais objetivos. Neste contexto, a supervisão ou revisão por pares é também útil, apreciada e necessária (King et al., 1999).

A GAS pode então ser utilizada no contexto da prática clínica e na investigação realizadas sobre os resultados terapêuticos. A aplicação da GAS na prática clínica é direta, enquanto técnica para medir o progresso em direção a metas únicas e individualizadas, embora clínicos e terapeutas devam treinar a sua utilização. Em termos de investigação, a GAS por si só não é uma metodologia de investigação que permita estabelecer inferências causais entre variáveis independentes e dependentes (Schlosser, 2004). A utilização da GAS na investigação sobre os resultados terapêuticos implica assim a utilização de um *design* experimental (ou quase-experimental) que minimize as ameaças à validade interna (Ottenbacher & Cusick, 1990). Ainda em relação à utilização da GAS na investigação, é importante notar que decisões relativas à eficácia de uma intervenção não devem ser tomadas com base num único estudo, necessitando ser fundamentadas num conjunto sólido de estudos ou em meta-análises (Schlosser, 2004).

A aplicação da GAS no contexto da terapia familiar foi sugerida pela primeira vez por Olson (1988, citado em Towns & Seymour, 1990), com vista à definição de objetivos terapêuticos por parte dos elementos da família e terapeutas. Segundo o autor, este procedimento permite aos terapeutas e clientes chegarem a um acordo sobre os objetivos específicos que pretendem atingir durante a terapia. Apesar disso, a sua utilização pode revelar-se difícil de operacionalizar e morosa, sobretudo com famílias com múltiplos pontos de vista. Não obstante, em *settings* cujo modelo colaborativo é preconizado (uma característica comum à maioria dos serviços centrados na família) a GAS revela-se um procedimento que ajuda a garantir que os objetivos estabelecidos e os níveis de mudança operacionalizados são significativos para a família, dado que implicam o seu envolvimento. Neste sentido, é muito relevante que a definição de metas não seja uma imposição, mas antes uma parte da intervenção feita para e com a família (López & Escudero, 2003). Por esta razão, o processo de identificação de problemas/necessidades e o estabelecimento de uma escala para avaliar os objetivos atingidos não é em absoluto uma tarefa técnica ou "alheia" à família, constituindo-se pois como uma fase fundamental do processo de mudança.

As metas e objetivos concretos que se esperam alcançar com a intervenção baseiam-se assim no reconhecimento de necessidades e dificuldades por parte da família. O problema surge quando, por vezes, a definição que a família faz da situação que levou à intervenção, dificulta a definição de objetivos. Por exemplo, nos casos em que outros serviços (e.g., escolas, serviços de proteção de menores, tribunais) requerem a terapia, é bastante frequente encontrar clientes involuntários e mandatados (Sotero & Relvas, 2012). A paradoxalidade nestes contextos de intervenção surge quando os profissionais se deparam com "clientes" que não respondem como tal: "não temos nenhum problema"; "temos um problema mas não podemos fazer nada para resolvê-lo"; "não temos nenhum problema, os outros (profissionais) é que têm" ou "o problema é outro ou de outras pessoas que não estão aqui" (Escudero, 2009). Nestas circunstâncias a GAS é particularmente valiosa, uma vez que o processo permite a participação do sistema familiar e do terapeuta, capacitando ambos na identificação de áreas problema e no estabelecimento de diferentes níveis ou degraus de mudança. Ao disponibilizar-se um serviço de ajuda para que a família mude deve necessariamente contar-se com ela, com a sua visão do problema, com os seus recursos, com as suas reações emocionais e também com a sua reação face à própria intervenção, podendo a aplicação da GAS ser útil ao permitir desbloquear um trabalho orientado para a definição de objetivos com a família.

2. Estudos em Portugal
Como foi desenvolvido/adaptado e validado?

Conforme referido, a tradução e aplicação da GAS aqui apresentadas foram desenvolvidas a partir da versão do procedimento utilizada pela *Unidade de Intervenção Familiar da Universidade da Corunha* (Espanha) (López & Escudero, 2003) e pelo *Centro de Estudos Sociais Aplicados da Universidade de Durham* (Inglaterra). Neste sentido, existem algumas diferenças face ao método original que importa explicitar. Designadamente, o facto de o procedimento adotado propor um escalonamento em que o nível zero (0) corresponde à situação atual da família, em vez de representar a mudança esperada ou os resultados esperados, conforme indicado na versão original. Não obstante, tal como na versão original, o nível +2 corresponde aos melhores resultados esperados e o nível -2 aos piores. Relativamente aos objetivos definidos, esta alteração permite assim definir um *continuum* de mudanças possíveis entre dois extremos (+2 e -2), a partir do nível de funcionamento atual da família (nível 0 – linha de base). Esta alteração na representação do nível 0 torna inviável a utilização dos valores padronizados (*T-scores*) (Cardillo, 1994).

Os estudos de validade e fiabilidade apresentados têm por base uma amostra aleatória de 40 processos finalizados e arquivados de Terapia Familiar Sistémica, conduzidos no Centro de Prestação de Serviços à Comunidade da Faculdade de Psicologia e de Ciências da Educação da Universidade de Coimbra (CPSC-UC) e no Centro Integrado de Terapia Familiar de Coimbra (CEIFAC), entre 2000 e 2009. Os processos analisados reportam-se a problemáticas centradas em questões familiares (e.g., conflitos intrafamiliares, dificuldades parentais, problemas comunicacionais) em que estiveram presentes, pelo menos, dois elementos familiares, dois co-terapeutas e uma equipa de observação atrás de um espelho unidirecional. Em todos os casos foi adotado um modelo integrativo de terapia familiar breve (6 a 9 sessões, espaçadas de 3 a 4 semanas), o qual propõe uma visão epistemológica de segunda ordem, uma postura de curiosidade, de articulação de visões múltiplas e assente na conversação terapêutica (Ausloos, 2003; Nichols & Schwartz, 2006; Relvas, 2003). A amostra é constituída por 27 processos clínicos terminados (i.e. clientes e terapeutas concordam que chegou ao fim o contrato terapêutico) e 13 processos clínicos em que houve *dropout* (i.e. ocorre uma desistência por parte da família na sua participação na terapia). Atendendo à etapa do ciclo vital da família, e de acordo com a categorização proposta por Relvas (1996), a maioria da amostra é constituída por famílias com filhos adolescentes (35%) e famílias com filhos na escola (35%). Os 131 clientes que participaram nos casos clínicos analisados têm entre 5 e 70 anos de idade (M=28.92, DP=16.45) e incluem mães (39), pais (25), crianças e adolescentes (39), entre outros elementos familiares (avô, companheira/namorada).

A aplicação da GAS decorreu entre janeiro e abril de 2010 e permitiu analisar retrospetivamente os processos clínicos arquivados (Miranda,

2011). Cada processo foi avaliado por 2 elementos da equipa de investigação (3 doutorandos com experiência clínica e formação em Terapia Familiar e 2 mestrandos da subárea de especialização em Sistémica, Saúde e Família). Numa primeira fase, através da avaliação da 1ª e/ou 2ª sessões terapêuticas (gravações em vídeo e relatórios de sessão), ambos os investigadores procederam conjuntamente à identificação dos objetivos terapêuticos acordados entre a família e os terapeutas. Numa segunda fase, os investigadores avaliaram de forma independente a última sessão do contrato terapêutico ou a sessão antes do *dropout*, mais uma vez através das gravações das sessões e relatórios, de modo a identificarem as mudanças e metas alcançadas pela família ao longo do processo terapêutico. A utilização da GAS teve como finalidade avaliar até que ponto a terapia foi eficaz para cada família, na medida em que ajudou a alcançar os objetivos terapêuticos que motivaram o pedido de ajuda.

Estudos de precisão

Segundo King e colaboradores (1999), a medida de evidência de precisão mais apropriada à GAS é a fiabilidade interavaliadores, a qual consiste na realização de duas avaliações independentes, efetuadas na mesma ocasião por dois avaliadores, ao nível das metas alcançadas. Designadamente, através do cálculo do coeficiente de correlação intraclasse (*Intraclass Correlation Coeficient, ICC*), o qual verifica a igualdade das classificações médias atribuídas por vários sujeitos (Pestana & Gageiro, 2005).

Pelas razões apontadas foi considerada no estudo desenvolvido a fiabilidade interavaliadores, como forma de verificar a generalização das avaliações efetuadas por ambos os juízes externos. Relativamente à classificação final da GAS nos 40 processos terapêuticos analisados, por parte de dois avaliadores independentes, o *ICC* obtido foi de .97 e para cada uma das metas foi .96, .94 e .96 (cf. Quadro 2). Os valores do *ICC* encontrados evidenciam um elevado nível de concordância entre os avaliadores, quer na pontuação de cada uma das metas, quer na pontuação final. De notar que estes valores são próximos aos encontrados noutros estudos em que foi utilizado o mesmo procedimento de avaliação da fiabilidade interavaliadores (*ICC*=.98, King et al., 1999; *ICC*=.93, Stolee et al., 1999).

Quadro 2.
Fiabilidade interavaliadores: GAS

	Coeficiente de Correlação Intraclasse (ICC)
Avaliação na Meta 1	.96
Avaliação na Meta 2	.94
Avaliação na Meta 3	.96
Avaliação Final	.97

Principalmente no contexto de investigação é bastante relevante assegurar uma boa fiabilidade interavaliadores, pelo que existem algumas recomendações na literatura que importa ressaltar (King et al., 1999; Lewis et al., 1987; Schlosser, 2004). Em primeiro lugar, considera-se a utilização de uma equipa de avaliadores externos como uma forma eficaz de promover a fiabilidade (Miranda, 2011), na medida em que: (a) os seus elementos apresentam diferentes níveis de formação e experiência clínica, o que permite assegurar uma maior acuidade no trabalho desenvolvido; (b) o facto de trabalharem de forma conjunta na definição das metas implica um consenso nas decisões tomadas entre ambos os avaliadores (vs. a decisão de um só avaliador); e (c) os avaliadores são externos, ou seja, não participaram em nenhum dos processos que analisaram, o que promove uma maior clareza e imparcialidade na avaliação.

Para além disso, o treino adequado da equipa de avaliadores e a utilização de diversas fontes de informação, isto é, não só de material escrito constante do processo clínico, mas também de dados resultantes de observação direta (como é o caso dos vídeos das sessões), são recomendações adicionais com vista a minimizar enviesamentos. Contudo, o caráter idiossincrático da GAS não pode ser removido completamente (provavelmente nem deve), uma vez que este se constitui como um dos seus pontos fortes. De notar que as evidências de fiabilidade encontradas em estudos prévios, não dispensam esta análise caso-a-caso.

Estudos de validade

Tal como a fiabilidade, a evidência de validade deste método de avaliação dos resultados terapêuticos deve também ser estudada caso--a-caso. Ou seja, apesar de outros estudos terem demonstrado que este procedimento é válido em termos de validade de conteúdo, constructo e social (Schlosser, 2004), é imprescindível a sua avaliação em cada caso particular.

Validade de conteúdo

Um dos estudos efetuados prende-se com a evidência de validade de conteúdo, através do qual se pretende saber se o conteúdo da medida (neste caso da GAS) abrange todos os aspetos ou elementos de interesse do atributo a ser medido (Portney & Watkins, 2000). Assim, para demonstrar a evidência de validade de conteúdo deve haver congruência entre os conteúdos da GAS e a opinião de especialistas e/ou uma relação direta entre a medida e a teoria (Tickle-Degnen, 2002). Neste sentido, foi realizado um estudo com vista a analisar a validade de conteúdo através da identificação das áreas dos objetivos definidos. Do ponto de vista teórico, as abordagens de terapia familiar assumem que os problemas apresentados são um produto do processo de interações entre sistemas. Como consequência, os investigadores reconhecem que é importante avaliar os problemas em diferentes níveis do sistema, nomeadamente, ao nível individual, ao nível das díades (conjugal e/ou pais-filhos), ao nível familiar e também ao nível comunitário (Olson, 1988, citado em Towns & Seymour, 1990). Deste modo, para aceder à avaliação dos resultados é possível fazê-lo em vários níveis. Segundo Olson (1988, citado em Towns & Seymour, 1990), a determinação dos resultados na terapia familiar deve contemplar os seguintes níveis de análise: comunitário, familiar, díade parental (pai/mãe-filho/a), díade conjugal e individual. Da análise efetuada às metas definidas com a GAS constata-se que estão representados os diferentes níveis de avaliação, dependendo obviamente das dificuldades evidenciadas. Na maior parte dos casos foram definidas metas ao nível familiar (58,8%) e da díade pai/mãe-filho/a (31,8%), embora também tivessem sido encontradas metas ao nível individual (25,5%), da díade conjugal (15,3%) e comunitárias (3,5%). De notar que, na maior parte dos casos (97%), foram definidas metas em mais do que um dos níveis. Os resultados alcançados suportam a evidência de validade de conteúdo, na medida em que as metas definidas com a GAS parecem relacionar-se com os níveis identificados como relevantes na avaliação dos resultados terapêuticos.

Validade social

De acordo com Schlosser (2004), provavelmente a validade social da GAS constitui-se como uma das suas melhores provas de validade. A validade social tem as suas raízes na investigação comportamental (Kazdin, 1977) e refere-se à importância social e aceitabilidade dos objetivos de uma intervenção, procedimentos e resultados (Foster & Mash, 1999). A avaliação subjetiva é apresentada como um dos métodos propostos para analisar a validade social, sendo utilizada com o intuito de aferir a aceitabilidade e importância dos objetivos, procedimentos e resultados através de um juízo de valor subjetivo efetuado por clientes, terapeutas, especialistas e/ou outros significativos (Foster & Mash, 1999). Neste sentido, o método de aplicação da GAS proposto pode ser perspetivado como decorrendo da implementação do método de avaliação subjetiva, na medida em que se refere à avaliação dos casos clínicos do ponto de vista de terapeutas familiares com experiência clínica e profissional relevantes. A evidência de validade social da GAS está assim implicitamente relacionada com o facto da sua aplicação, no formato descrito, reproduzir o típico raciocínio clínico de como os terapeutas avaliam os resultados terapêuticos atendendo ao que é esperado no início da intervenção. Deste modo, a validade social da GAS, enquanto método de avaliação dos resultados terapêuticos, pode assim ser demonstrada através das avaliações subjetivas efetuadas pelos clínicos.

3. Aplicação
Como aplicar, cotar e interpretar?

Num contexto clínico, antes da aplicação da GAS é importante que tenha decorrido algum tempo de contacto entre os profissionais e a família, pelo menos o tempo suficiente para se conhecerem e explorarem os problemas que conduziram à terapia. De uma maneira geral, é necessário ter em conta que o foco central não deve ser a definição dos objetivos, através da GAS, sendo prioritário o estabelecimento de uma relação colaborativa (Escudero, 2009). Todavia, o próprio trabalho de identificação das metas a partir da construção das escalas pode também servir para criar essa relação, uma vez que as famílias reconhecem que os objetivos não são impostos mas antes co-construídos e escalonados de forma a serem claramente compreendidos e aceites pelos clientes. Dado que as metas que se definem nas escalas de consecução serão avaliadas posteriormente, deve ser inicialmente indicado qual o período temporal para essa avaliação. Dependendo do contexto de aplicação (clínico ou investigação) e da situação particular de cada família, pode estabelecer-se como norma geral que o tempo de consecução de metas seja equivalente ao tempo do contrato terapêutico (e.g., 6/8 meses). Deste modo, os objetivos identificados no início do processo serão avaliados na última sessão terapêutica, com vista a analisar em que medida foram atingidos enquanto resultado do processo de intervenção.

Para a elaboração das escalas devem seguir-se os seguintes 7 passos:

1. Identificar e discutir com a família os problemas ou necessidades dos quais se pode esperar uma mudança ou melhoria com a intervenção. De notar que deve deixar-se de fora aquilo que só se pode conseguir noutras instâncias (e.g., uma decisão judicial), mas que devem incluir-se as metas que a família entende como exigências/demandas de outros serviços (e.g., Escolas, Serviços de Proteção de Menores, Tribunais, etc.) mas que aceita conseguir. Para isso deve ser feito um esforço que possibilite encontrar um denominador comum (ou área de interseção), de modo que a perspetiva e as necessidades da família sejam coincidentes com a avaliação da equipa e coerentes com as orientações de serviços externos;

2. Traduzir esses problemas ou necessidades em metas. O ideal em termos práticos é estabelecer pelo menos duas e não mais do que quatro metas para serem trabalhadas ao mesmo tempo. Nesta etapa deve ajudar--se a família a definir o que espera conseguir em relação a cada um dos problemas/necessidades identificados, atribuindo uma *etiqueta* breve e clara a cada meta, por exemplo: "Os pais passarem tempo de lazer com os filhos", "Sair sem beber álcool", ou "Discutir sem agressões verbais". Quando se pretende que a família, ou um dos seus membros, deixe de fazer algo, quase sempre é possível e preferível formular um comportamento positivo que é incompatível com o que se quer fazer desaparecer (e.g., "Jogar com o filho um jogo divertido uma hora por dia", em vez de "Deixar de aborrecer-se por estar com o filho"). A etiqueta deve depois ser registada na parte superior de cada escala na Tabela de Registo da GAS;

3. Selecionar um *indicador-chave* para cada meta. O indicador-chave é um comportamento, uma competência ou uma situação concreta que melhor representa a meta. Por exemplo, para a meta "Eliminar as nossas discussões violentas", alguns dos indicadores possíveis são: "Passarmos dois meses sem discutir", ou "Falarmos sobre tudo sem os filhos acharem que discutimos". É importante entender que se trata de um indicador, não sendo necessário fazer um inventário amplo e detalhado de todas as condutas possíveis, ou seja, há-que selecionar os indicadores-chave. Os indicadores extraem-se das respostas da família às seguintes questões: "Se nos encontrarmos daqui a três meses e estiverem seguros de que conseguem discutir sem se agredirem (usando a etiqueta previamente acordada com a família), em que se notaria essa mudança?"; "O que notariam os vossos filhos? "; "O que notariam os vossos vizinhos?". Uma formulação útil para a elaboração de indicadores de consecução de metas é através de perguntas tipo "questão-milagre" (De Shazer, 1994): "Suponham que acontece um milagre enquanto estão a dormir e o vosso problema, o que vos faz discutir violentamente, se resolve milagrosamente. Como ocorre quando estão a dormir e ninguém o anunciou, como e em que momento, em que coisas concretas se dariam conta de que esse milagre aconteceu?". Este tipo de formulação faz com que os clientes procurem indícios, ou seja, indicadores de que as discussões já não são problemáticas;

4. Definir a "Situação Atual" (Nível 0 da escala) na Tabela de Registo da GAS com respeito a cada meta que foi especificada. É útil que a descrição da situação atual do problema/necessidade seja definida em termos quantitativos (e.g., dias em que ocorre, tempo em que se faz algo, percentagens, nível de intensidade, etc.), mas também pode fazer-se em termos qualitativos (e.g., definir em que medida – muito, pouco, nada, um só aspeto, etc.). A partir da descrição da situação atual do problema é mais fácil e acessível começar a escalonar com a família o que se supõe ser uma pequena ou rápida melhoria;

5. Escalonar com a família os progressos e registar na Tabela de Registo os níveis +1 e +2. O nível +2 representa o melhor nível de consecução da meta que se pode esperar, tendo uma perspetiva realista e prática num período de tempo não superior a 6 ou 8 meses. Este nível não tem obrigatoriamente que representar a realização total ou final de uma meta, mas uma etapa ou estádio importante e estável da sua realização. Os profissionais devem recorrer à sua experiência sobre o que pode ser alcançado, os recursos da família e as técnicas e estratégias que vão ser necessárias durante o processo para ajudarem a família a estabelecer adequadamente o nível +2. O nível +1 representa um passo intermédio na escalada até ao +2. Como a mudança é um processo gradual deve atribuir-se grande importância aos primeiros passos, de modo que uma boa definição deste nível é essencial. Nesta etapa são bastante úteis as questões de escalonamento (De Shazer, 1994), auxiliando na elaboração de gradações: "Se tivesse que pontuar numa escala entre 1 e 10, sendo 10 a melhor pontuação, o que significa que teriam alcançado X (referir aqui o indicador do nível +2), em que pontuação estamos agora?". Se a resposta for, por exemplo, 3 a pergunta seguinte pode ser: "O que teria que acontecer para alcançar um 5?";

6. Especificar os níveis –1 e –2. Estes níveis representam um agravamento ou deterioração da situação inicial da família. Embora o objetivo central deste procedimento resida na definição e avaliação de metas positivas e necessárias, é necessário reconhecer a possibilidade de um retrocesso da situação e das suas consequências. Contudo, é importante avaliar a utilidade deste aspeto, dado que pode gerar negatividade ou ser interpretado como uma ameaça. Em qualquer caso, há ocasiões em que a família deve saber quais são as consequências de não conseguir atingir uma determinada mudança, por exemplo numa intervenção derivada de um processo judicial ou do sistema de proteção de menores;

7. Repetir os seis passos anteriores para cada uma das metas definidas com a família. Conforme foi referido, o ideal é estabelecer pelo menos duas metas e não mais do que quatro. Contudo, dependendo da situação particular de cada família pode ser necessário estabelecer um número maior ou menor de metas.

A revisão/supervisão e avaliação da concretização das metas compõem as duas últimas etapas na aplicação da GAS. Para a revisão do trabalho de definição de metas foi adaptado um Guião de Revisão da GAS (Escudero, 2009; King et al., 1999), pretendendo-se com esta tarefa rever a) a coerência global entre as etiquetas, os indicadores-chave e a situação atual, bem como confirmar se cada uma das metas é realista e relevante; se a realização das metas pode ser claramente avaliada e escalonada; b) se as etiquetas são definidas ou formuladas em termos positivos; c) se os indicadores são exclusivos de cada nível e não se sobrepõem; d) se há saltos muito grandes entre os níveis, entre outros indicadores. A melhor forma de avaliar a definição de metas é trabalhar com um supervisor ou coordenador externo, embora a equipa deva estar envolvida nesse processo.

A avaliação da concretização das metas no período determinado, recomendavelmente dentro de uma margem de 6 a 8 meses, pode ser feita através de uma entrevista com a família, efetuando um balanço com a própria família acerca das metas conseguidas e/ou baseando-se em observações ou informadores externos (escola, serviços sociais, etc.) e/ou em dados provenientes de visitas domiciliárias. A este respeito as metas podem ser avaliadas uma a uma, realizando uma avaliação por metas (análise de 1ª ordem) e adicionalmente avaliar o conjunto de metas a partir de uma meta-perspetiva sobre a concretização dos objetivos definidos (análise de 2ª ordem). Esta classificação final da GAS articula assim o resultado parcelar das metas, através do cálculo de um *score* final produto da soma das metas (entre +6 e −6). O resultado da avaliação deve ser registado na Tabela de Registo da GAS, indicando para cada meta o nível da escala (entre −2 e +2) que foi alcançado.

4. Vantagens, limitações e estudos futuros

Este trabalho pretende ajudar os terapeutas e outros profissionais a tomarem uma decisão informada sobre quando e como usar (ou não) a GAS, partindo da contextualização, compreensão e descrição desta metodologia de definição de objetivos e avaliação de resultados no domínio da intervenção familiar. Assim, para uma implementação cuidada e apropriada da GAS torna-se essencial (re)conhecer não só as vantagens, como as limitações deste método de avaliação. Apesar da complexidade e das dificuldades inerentes ao processo de avaliar os resultados terapêuticos, a GAS parece constituir-se como um procedimento extramente flexível capaz de auxiliar na planificação, definição e avaliação de metas através de um contínuo de resultados possíveis. A versatilidade de populações, intervenções e áreas em que foi aplicada são disso um exemplo. É uma metodologia individualizada baseada na prática (*practice-based*) e profissionalmente orientada (*practitioner-oriented*) que pode e deve complementar as medidas mais tradicionais de avaliação dos resultados (*theory-based*). De destacar ainda, a abordagem colaborativa refletida nos procedimentos de aplicação da GAS, a qual promove o envolvimento, a aceitação e provavelmente a própria motivação dos clientes, constituindo--se assim como uma importante ferramenta com utilidade clínica. Existe assim uma evidência crescente de que a GAS é uma estratégia útil e com potencial para medir a mudança terapêutica (King et al., 1999), tanto no contexto clínico, como no contexto de investigação. Em termos de investigação, a GAS deve ser aplicada tal como são outros métodos que avaliam os resultados terapêuticos e que requerem a evidência de fiabilidade e validade. Conforme demonstrado, a GAS oferece informações exclusivas sobre as expetativas de mudança *a priori*, a operacionalização de diferentes níveis de mudança, o foco da intervenção e, sobretudo, consegue captar mudanças que são significativas na vida dos sujeitos.

Uma das principais limitações apontadas à GAS prende-se com a vulnerabilidade a enviesamentos ou *bias* decorrentes da sua aplicação e os quais podem afetar a validade. Enviesamentos estes que podem ocorrer durante o escalonamento das metas (e.g., metas excessivamente fáceis de alcançar) e/ou na avaliação das metas (e.g., mostrando melhorias que não são de facto reais). A sobre ou subestimação das metas, a usurpação ou má interpretação do procedimento são ameaças reais que devem ser controladas com algumas ou várias das orientações que já foram sendo exploradas, nomeadamente através do treino e formação dos avaliadores, da adequada definição e supervisão dos níveis das metas, da utilização de vários avaliadores, da aplicação e cruzamento com instrumentos similares, entre outras estratégias recomendáveis. Neste sentido, a utilização apropriada da GAS na avaliação dos resultados terapêuticos está dependente do rigor com que são compreendidos os seus fundamentos e aplicados os seus procedimentos. Não pondo em causa a validade da versão portuguesa da GAS, algumas limitações do presente estudo são de referir, devendo os resultados ser considerados como indicadores preliminares. O facto de se tratar de um estudo retrospetivo, com uma amostra relativamente pequena, recorrendo apenas a avaliadores externos e em que não foi aplicado mais nenhum procedimento de avaliação são aspetos críticos que devem ser equacionados na interpretação dos resultados obtidos.

Deste modo, o processo de validação desta metodologia deve ser continuado em estudos futuros, sendo necessário averiguar a convergência com outras medidas dos resultados terapêuticos, bem como alargar a amostra a diferentes tipos de intervenção familiar. Só após estes e outros estudos poderemos determinar o "verdadeiro" potencial da GAS, tanto na prática clínica, como na investigação sobre os resultados clínicos.

5. Bibliografia

Ausloos, G. (2003). *A competência das famílias*. Lisboa: Climepsi.

Bailey, D., & Simeonsson, R. (1988). Investigation of use of Goal Attainment Scaling to evaluate individual progress of clients with severe and profound mental retardation. *Mental Retardation, 26*, 289-295.

Cardillo, J. E. (1994). Summary score conversion key. In T. Kiresuk, A. Smith, & J. Cardillo (Eds.), *Goal Attainment Scaling: Applications, theory, and measurement* (pp. 273-278). London: Erlbaum.

Cytrynbaum, S., Birdwell, G. Y., Birdwell, J., & Brandt, L. (1979). Goal Attainment Scaling: A critical review. *Evaluation Quarterly, 3*, 5-40.

De Shazer, S. (1994). *Words were originally magic*. New York: Norton.

Escudero, V. (2009). *Guía práctica para la intervención familiar*. Valladolid: Junta de Castilla y León.

Foster, S. L., & Mash, E. J. (1999). Assessing social validity in clinical treatment research issues and procedures. *Journal of Consulting and Clinical Psychology, 67*, 308-319.

Grey, M. E., & Moore, L. S. (1982). The Goal Attainment Scale for psychiatric in-patients. *Quarterly Review Bulletin, 8*, 19-23.

Hurn, J., Kneebone, I., & Cropley, M. (2006). Goal setting as an outcome measure: A systematic review. *Clinical Rehabilitation, 20*, 756-772. doi: 10.1177/0269215506070793

Kazdin, A. E. (1977). Assessing the clinical or applied importance of behavior change through social validation. *Behavior Modification, 1*, 427-452.

King, G. A., McDougall, Palisano, R. J., Gritzan, J., & Tucker, M. A. (1999). Goal Attainment Scaling: Its use in evaluating pediatric therapy programs. *Physical & Occupational Therapy in Pediatrics, 19*, 31-52.

King, G. A., Tucker, M., Alambets, P., Gritzan, J., McDougall, J., Ogilvie, A., . . . Malloy-Miller, T. (1998). The evaluation of functional, school-based therapy services for children with special needs. A feasibility study. *Physical & Occupational Therapy in Pediatrics, 18*, 1-17.

Kiresuk, T. (1973). Goal Attainment Scaling at a county mental health service. *Evaluation Mono, 1*, 12-18.

Kiresuk, T. J. & Sherman, R. E. (1968). Goal Attainment Scaling: A general method for evaluating comprehensive community mental health programs. *Community Mental Health Journal, 4*, 443-453.

Kiresuk, T., Smith, A., & Cardillo, J. (1994). *Goal Attainment Scaling: Applications, theory, and measurement*. London: Erlbaum.

Lewis, A. B., Spencer, J. H., Haas, G. L., & DiVittis, A. (1987). Goal Attainment Scaling: Relevance and replicability in follow-up of inpatients. *Journal of Nervous and Mental Disease, 175*, 408-417.

López, S., & Escudero, V. (2003). *Familia, evaluación e intervención*. Madrid: Editorial CCS.

MacKay, G., Somerville, W., & Lundie, J. (1996). Reflections on Goal Attainment Scaling (GAS): Cautionary notes and proposals for development. *Educational Research, 38*, 161-172.

Miranda, J. (2011). *A terapia familiar sistémica com clientes voluntários e involuntários: Estudo dos resultados terapêuticos* (Dissertação de mestrado não-publicada). Faculdade de Psicologia e de Ciências da Educação, Universidade de Coimbra, Coimbra.

Nichols, M. P., & Schwartz, R. C. (2006). *Family therapy: Concepts and methods* (7th ed.). New York: Gardner Press.

Ottenbacher, K, J., & Cusick, A. (1990). Goal Attainment Scaling as a method of clinical service evaluation. *American Journal of Occupational Therapy, 44*, 519-525.

Palisano, R. J. (1993). Validity of Goal Attainment Scaling with infants with motor delays. *Physical Therapy, 73*, 651-658.

Pestana, M. H., & Gageiro, J. N. (2005). *Análise de dados para ciências sociais - A complementaridade do SPSS* (4ª ed.). Lisboa: Sílabo.

Portney, L. G., & Watkins, M. P. (2000). *Foundations of clinical research: Applications to practice* (2nd ed.). New York: McGraw-Hill.

Relvas, A. P. (1996). *O ciclo vital da família, perspectiva sistémica*. Porto: Afrontamento.

Relvas, A. P. (2003). *Por detrás do espelho. Da teoria à terapia com a família*. Coimbra: Quarteto.

Rushton, P. W., & Miller, W. C. (2002). Goal Attainment Scaling in the rehabilitation of patients with lower-extremity amputations: A pilot study. *Archives of Physical Medicine and Rehabilitation, 83*, 771-775. doi: 10.1053/apmr.2002.32636

Schefler, G., Canetti, L., & Wiseman, H. (2001). Psychometric properties of Goal Attainment Scaling in the assessment of Mann's time-limited psychotherapy. *Journal of Clinical Psychology, 57*, 971-979.

Schlosser, R. W. (2004). Goal Attainment Scaling as a clinical measurement technique in communication disorders: A critical review. *Journal of Communication Disorders, 37*, 217-239. doi: 10.1016/j.jcomdis.2003.09.003

Simeonsson, R. J., Bailey, D. B., Huntington, G. S., & Brandon, L. (1991). Scaling and attainment of goals in family-focused early intervention. *Community Mental Health Journal, 27*, 77-83.

Smith, A. (1994). Introduction and overview. In T. Kiresuk, A. Smith, & J. Cardillo (Eds.), *Goal Attainment Scaling: Applications, theory, and measurements* (pp. 1-14). London: Erlbaum.

Smith, D. L. (1976). Goal Attainment Scaling as an adjunct to counseling. *Journal of Counseling Psychology, 23*, 22-27.

Sotero, L., & Relvas, A. P. (2012). A intervenção com clientes involuntários: Complexidade e dilemas. *Psicologia & Sociedade, 24*, 187-196. doi: 10.1590/S0102-71822012000100021

Stolee, P., Stadnyk, K., Myers, A. M., & Rockwood, K. (1999). An individualized approach to outcome measurement in geriatric rehabilitation. *Journals of Gerontology: Series A: Biological Sciences and Medical Sciences, 54*, 641-647.

Tickle-Degnen, L. (2002). Communicating evidence to clients, managers, and funders. In M. Law (Ed.), *Evidence-based rehabilitation: A guide to practice* (pp. 221-254). Thorofare, NJ: Slack Incorporated.

Towns, A., & Seymour, F. (1990). What about the family in family therapy research? *Journal of Family Therapy, 11*, 222-228.

Young, A., & Chesson R. (1997). Goal Attainment Scaling as a method of measuring clinical outcome for children with learning disabilities. *British Journal of Occupational Therapy, 60*, 111-114.

www.ingramcontent.com/pod-product-compliance
Lightning Source LLC
Chambersburg PA
CBHW071349280326
41927CB00040B/2572